现代管理的终结

——如何引领无序的新世界

〔英〕乔·欧文　著

仇明璇　季金文　孔宪法　译

商務印書館

2011年·北京

Jo Owen

The Death of Modern Management: How to Lead in the New World Disorder

This edition first published 2009

图书在版编目(CIP)数据

现代管理的终结/(英)欧文著;仇明璇译.—北京:商务印书馆,2011

ISBN 978-7-100-07566-4

Ⅰ.①现… Ⅱ.①欧…②仇… Ⅲ.①管理学 Ⅳ.①C93

中国版本图书馆CIP数据核字(2010)第240551号

现代管理的终结

——如何引领无序的新世界

〔英〕乔·欧文 著

仇明璇 季金文 孔宪法 译

商务印书馆出版

(北京王府井大街36号 邮政编码100710)

商务印书馆发行

涿州市星河印刷有限公司印刷

ISBN 978-7-100-07566-4

2011年7月第1版 开本880×1230 1/32

2011年7月第1次印刷 印张8 3/8

定价:35.00元

目 录

致 谢

在浩瀚的知识海洋中，人人都是星星点点的专业技术小岛，不论对自己的领域多么熟知，要实现目标，我们还要很大程度地依靠别人的才能。这是本书的中心主题。对作家而言亦是如此。作家之所以言之有物、言之成理——当然，有些人对此并不苟同——皆因能获得很多人的倾力协助，他们肯分享自身的经历并奉献出自己的才华智慧。

30 年来，通过与全球 100 个最优秀的以及一些糟糕的公司接触、合作，我完成了本书。这些公司所在地包括从亚洲的日本到中亚的沙特阿拉伯，它们也有些是欧洲和北美的公司。这些公司的领袖深谋远虑，给我很大启发，与他们一起工作，我荣幸之至。此书的很多观点也是在他们帮助下完成的。但他们对此书的帮助，我无法以大小衡量、排序。在这里，我将按照与他们合作的先后顺序一一列出，以表达对他们的感谢之情。

写书的灵感要归功于托尼·约翰逊(Tony Johnson)，是他的激励促使我把思想转化为文字。詹姆斯·凯利(James Kelly)是位卓越的导师和支持者，几十年来，他一直帮助我，我不足以报。尽管此书不属于学术类著作，但在撰写过程中，有几位才华非凡的教授对我耐心和善地进行指教。菲利普·科特勒(Philip Kotler)教授不辞烦劳，对我的事业和写作提供了很大帮助。在智力资本日新月异的今天，他始终是我们的榜样。每当我志得意满、忘我膨胀时，奈杰尔·尼科尔森(Nigel Nicholson)总能以他的幽默给我启发，将我唤醒，令我重新脚踏实地。

我的工作是非营利性质的，它开阔了我的眼界，使我看到存在的不同工作方式。未来领袖(Future Leaders)的萨莉·摩根(Sally Morgan)和希思修士(Heath Monk)，领袖培训机构(Teaching Leaders)的沙拉斯·吉文(Sharath Jeevan)，以教为先(Teach First)的布雷特·威格多兹(Brett Wigdortz)和朱莉娅·克莱弗登(Julia Cleverdon)，启动计划(Start Ups)的朱丽叶·霍普(Juliet Hope)和马伊·辛普森(Mari Simpson)——他们都证明了，只要满腔热情，即使资源再有限，我们也一样可以有所成就。他们的例证，是消除企业"无资源不发展"思想的一剂良药。

几位同僚在我学习过程中一直给予我帮助。就在最近我得以与他们共事，我们合作甚欢：Cognitas集团的劳拉·沃特金斯(Laura Watkins)和莎尼·沃斯皮纳(Shani Ospina)才能杰出；AGM的史蒂芬·曼斯布里奇(Stephen Mansbridge)不吝给予时间、支持和耐心。玛丽·鲍威尔(Mary Powell)和妮西·阿南丹(Nithi Anandan)在很多时候以她们各自的方式使我保持理智、冷静的头脑。

必须要提的是，如果没有出版商对新思想的信念和信心，此书也不可能出版。我对威利公司(Wiley)为出版此书的全力工作感激不尽，尤其是汤姆·克拉克（Tom Clark）和埃伦·霍尔斯沃思（Ellen Hallsworth）的大力支持和埃伦认真、高效的编辑工作。同样还要感谢的是威利公司的尼克·曼尼恩（Nick Mannion）、朱莉娅·贝赞特（Julia Bezzant）和路易斯·切尔（Louise Cheer）。在他们的带领下，全公司齐心协力将此书推向市场。最后我还要衷心感谢我的家人，在我不断地思索和探究各种思想时，他们始终支持并忍受我的喃喃自语和天马行空。我还要感谢希洛米（Hiromi）、盖伊（Gaie）、托比（Toby）和简（Jane）。

如有疏误，敬请指正。

剖析缘由，何去何从

现代管理不堪自身矛盾之重负，正一步步走向终结。

此书并非预言革命，而是对眼前正发生的这场革命进行描绘。战略、金融和领导学中的简单法则，曾经充斥于旧世界，而今面对革命也无能为力。信用危机不仅暴露了金融行业的致命弱点，更揭示了一场酝酿已久的更深层次危机——管理危机。过去那些简单的必然性不复存在：生产者对市场的掌控正面临消费者的挑战，股东们也逐渐让步于经理，西方的市场占有也正让位于亚洲。与所有其他革命相同，这场革命也关乎力量的争夺。旧秩序让路于新的世界无序。这种无序，于有些人，预示着巨大的风险；而于有些人，意味着重大机遇。

现代管理，曾预示着科学、效率和见识带来的社会进步。自工业革命开始，现代管理创造了巨大的社会进步和繁荣，现在却渐入尾声。如今，与所有人做同样的事再无优势可言。我们可以努力完善企业运行，但如果大家都以同样的步伐进步，我们会发现奋力拼搏的结果却总是原地踏步。如果我们运用同样的分析、进入同样的市场，那毫无例外，所有人都注定会失败。现代管理学寻求普适性真理，最终产生的一致性却带来了自我毁灭。

现在我们正踏进管理学的第三次浪潮中。第一次前现代管理浪潮，几乎难以带动什么社会进步。管理，就其存在而言，无非是“传统”的产物——由师傅小心翼翼地传给徒弟，抑或把他守在行业协会的几家店铺中，备受猜忌。文艺复兴和启蒙运动解放了人们的思想——人们开始怀疑、权衡、分析、改进，从而为工业革命铺平了道路。正是这场革命，开启了第二次管理学浪潮，即现代管理。

从前两次管理浪潮中继承下来的诸多确定性和思想，在第三次浪潮中被悄然抛弃。商业机构从命令与控制转向合作和承诺；市场中充斥着各种信息、知识和交流，我们全力应对这种从无到有的转变；客户市场在细分的同时也在加速全球化；公司大刀阔斧，革新整顿；随着价值从有形转向无形，旧有的会计学和资本核算概念也需相应修订调整，在混乱的过渡期勉强应付，挣扎前行。

现在，无序的新世界已经产生。技术的改变仅是其中一小部分，思维的改变才是重要所在。有些企业和经理先知先觉，懂得如何在这个越发不确定的世界中取胜；而有些则不明白，他们简单地把这种改变当成风险。这本书就帮你在这场革命中制定路线、转危为机、取得成功。

有关革命的六幅画面和一部电影

从波士顿清茶事件（Boston Tea Party）到攻占巴士底监狱（the Bastille）再到波特金战舰（battleship Potemkin）起义，每场革命都有它象征性的时刻。相比政治革命，管理革命进程缓慢，也没有血腥屠戮，但它们本身也有象征性和决定性的时刻。

拨开历史的迷雾，我们会发现管理中至少有六个继古开今的时刻。其中三个勾画出了现代管理的崛起，而另外三个则象征了它的衰退。

画面一：苹果落在艾萨克·牛顿头上

虽然艾萨克·牛顿一般不被认为是现代管理的教父，可他的确是。传说正是落在他头上的这个苹果令他开始思考，为何苹果从上向下而非从下向上掉落呢？他思考探究的结果是从此奠定了科学和管理两个学科的形成。1687年，牛顿出版了《基本原理》（*Principia*）一书。牛顿对经典物理定律的发现，自此开启了启蒙运动的大门。确实，哥白尼、伽利略以及其他质疑教堂正统学说的人，早已播下了启蒙之种，但牛顿的出现使启蒙运动这颗种子萌生、开花，最终成为势不可当的力量。自牛顿之后，科学调查成为社会进步之先驱，不仅体现在科学领域，在农业、工业以及管理领域亦是如此。每人都想发现普遍规律，以更好地了解和改进身边的世界。

从牛顿时期开始，我们就用现代管理来改造世界。牛顿出生于

1643年，那是另一场革命——英国内战的早期阶段。英国内战导致了查尔斯王（King Charles）时代的终结。那个时期，人们没有iPod，没有互联网，没有移动电视、电、自来水、汽车、飞机、牙医、冰箱冰柜或集中供暖。是现代管理把这些不可思议的奢华生活变为我们的日常所需，要理解这一点，我们得继续追溯到一百年后，看看工业革命的起源。

画面二：亚当·斯密观察格洛斯特（Gloucester）的大头针制作工人

1776是革命性的一年。美国宣布独立。与此同样富有革命意义的是亚当·斯密出版了《国富论》（*Wealth of Nations*）。正如艾萨克·牛顿确立了物理学的根基，亚当·斯密试图对经济学有所贡献。可以说，他比以往任何炼金术士都成功，因为他发现了凭空创造出财富的定律。他最著名的成就来源于他对格洛斯特大头针制作工人的观察。一名制作工人，如果独立完成每项工作，一天下来最多制成20个大头针。十名半熟练工人，如果每人都只负责工作的一小部分，“一天内”却可以生产“48 000个大头针”。亚当·斯密观察到了分工、批量生产、非熟练化和专业化现象。这不仅仅是经济学界的革命，也是管理学界的革命。随即发生的工业革命，不仅废弃了陈旧的技术手段，也消除了贫困，带来了前所未有的繁荣和进步。

亚当·斯密将启蒙运动中观察、测量、分析和改善这些方法引入商业和管理领域。一经启动，进步的步伐再也无法停止。

画面三：1908 年，福特（Ford）的第一个 T 模型下线

亚当·斯密到亨利·福特，仅仅是知识发展程度上迈出的一小步，而在经济学意义上，却代表了一次飞跃。福特创造的流水生产线改变了汽车制造业的经济学原理。熟练工手工制造汽车的方法不再流行，高度专业化的半熟练工人以低成本制造的标准产品成为发展趋势。通过联合相关企业，福特将各个生产环节的成本降低到极致，从自己拥有森林提供所需的木材，到为客户提供不同颜色的产品——当然，当时仅有黑色。

如果亨利·福特代表现代管理的实践，那么弗雷德里克·泰勒（Frederick Taylor）就代表现代管理的理论，1911 年他提出了科学管理的理念。继承牛顿和启蒙运动的传统，泰勒利用观察和测量的方法发现了如何将生产力最大化。他发明了工业操作效率的研究分析（time and motion study，亦作时间和动作研究），发现工休不但不会中断生产力，反而可以提高生产力；他还建议不同的人应做不同的工作。这些在今天看来都是些平凡无奇的陈词滥调，而在当时却非常富有革命性，以致泰勒被他的第一个雇主——佰利恒钢铁公司（Bethlehem Steel）给炒掉了。

就在这时，现代管理科学快速发展起来。通用汽车（GM）在艾尔弗雷德·斯隆（Alfred Sloan）的带领下，以有效的市场细分抢了福特的风头，赢得了更多关注。针对福特“制造一款适合大众的汽车”的产品理念，斯隆推出了“为每个钱包和每种用途都造一辆车”的理念，并以工业化的规模推出多种市场细分产品，包括雪弗莱

(Chevrolet)、奥兹莫比尔(Oldsmobile)、别克(Buick)和卡迪拉克(Cadillac),精心组织划分成不同的事业部,服务于不同年龄和收入水平的客户。1963年斯隆出版了《我在通用汽车的日子》(*My Years at General Motors*),将现代管理推向发展巅峰,几乎成为神奇的典范。

到如今,西方似乎仍在通向繁荣的大道上前进,方向正确,势不可当。我们将来可能乘坐私人飞机上下班,还可能乘坐私人太空船去月球度假。然而,有些地方,有些东西,就是不对。

画面四:盛田昭夫(Akio Morita)带着便携立体音响

索尼(Sony)的创立者盛田昭夫,年轻时在纽约看到成群的青少年肩上带着立体声音响到处行走。这些人成群结队、制造噪音,让人害怕,所到之处人人生厌。与大多数人不同,盛田昭夫从中看到了机会:他发现年轻人随时随地想听音乐。索尼随身听是第一个真正的个人音乐设备,使这些年轻人梦想成真。它的问世,直接带来了今天现代青少年生活中 iPod 及其他一切基本必备品的产生。

现代管理学的地位受到了极大震动,正如西方世界所发现的,盛田昭夫可能就是这个过程的领导者之一。跟他一样的还有本田宗一郎(Soichira Honda)。本田宗一郎发现,并非所有的骑车人都是哈里·戴维森(Harley Davidsons)摩托车上的"地狱天使",因此他制造出适合家庭出行用的小型摩托车,比如用于钓鱼或其他休闲。摩托车成为本田公司取得发动机和汽车全球成功的第一步。跟本田和丰田(Toyota)公司抢占汽车市场一样,佳能(Canon)也轻而易举地占领了复印机市场。佳能并没有沿袭施乐（Xerox）大型昂贵的集中复印机的产品路线，这些机器只能租赁使用。相反，佳能生产小型、价廉的低端复印机，可以放在每位主管身边，使用方便。

日本革命席卷了西方电子产品、汽车及电脑等消费品行业。其实这本不应发生。福特、通用汽车、西屋电气（Westinghouse）、飞利浦（Philips）、王安电脑公司（Wang）以及美国数字电子公司（DEC）等行业巨头，本不应该被来自东方的小暴发户们所吓倒。可是，更糟糕的是，这些东方企业并非仅凭廉价劳动力而竞争，他们还有其他竞争力。任何一个在东京餐馆中用过餐的人都想知道，如此彬彬有礼、郑重其事地呈上账单，顾客到底是吃了一顿饭，还是买了这家餐馆。最近二十年里，日本产品的价格并不低廉。这些新兴企业正是运用了西方世界发现的现代管理方法：流水生产线、市场细分以及美国人爱德华·戴明（Edward Deming）设计的质量管理体系。

现在，中国的发展紧随日本之后，但其人口是日本的8倍。2004年，一个名不见经传的中国公司——联想（Lenovo）收购了现代个人电脑行业教父IBM的个人电脑业务。世界的轴心已经从西方倾向了东方。中国和日本政府共拥有美国15 000亿美元的政府债券，或者说平均每个美国公民承担5 000美元债务。2008年美国对中国和日本的贸易逆差高达3 380亿美元（相当于平均每个美国公民背负1 000多美元）。这些差额说明美国的霸权地位正面临威胁，其他国家和其他商业方式也正向旧的世界秩序发起挑战。

正确的一面是（从西方角度来说，如果你是西方人），现代管理曾是通往财富之路；而错误的一面却是，这条道路也似乎通往地狱。现代管理的缺陷正初现端倪，商业战略和成功的普适规律好像突然不适用了，或者说成为一把双刃剑。一度充满确定和自信乃至自满的世界，正渐渐被各种不确定性侵占。

画面五：网络公司的破产

2000年网络公司由兴盛走向破产。有关这种新商业范例的所有夸夸其谈瞬间灰飞烟灭。其中唯一的赢家就是前20个破产企业中的高层管理人员，他们申请获得了整整26亿美元作为对自己创业破产、将所有股东的钱损失殆尽的赔偿。当随即发生信用危机时，便上演了一场华丽的复兴之剧。信用危机之下，在网络公司破产中损失惨重的股东们，继续变成银行家们刀俎下的鱼肉；资深银行家取代网络公司高管，继续损害股东们的利益，大肆捞钱。

网络公司破产事件和信用危机的发生向我们提出了同样的问题：究竟谁拥有权力？马克思坚信权力掌握在资本家手中，他们极力剥削工人，以至于工人们最终奋起反抗，开创共产主义乐园（包括劳动营、领取面包和救济的长队以及每个门口的秘密警察）——1867年马克思在书中这样写道。关于谁掌握权力这一点，马克思或许是正确的。但是，现在权力已经发生了转移，它不再停留在资本家手中，而是转移到资本控制者手中，在上市公司的高管和一些关键管理者手中。网络公司破产和信用危机都充分显示，管理者非常擅长在将酬劳最大化的同时，把风险转嫁到股东身上。这一切安排，不论是对马克思还是他的典型敌人——邪恶的工厂主而言，都是无法想象的。

工人革命的发生不是借助暴力形式，而是通过教育和技能培训。

工人们再也不能被胁迫：命令与控制式管理开始让步。因为雇主们发现员工是有选择的。像麦当劳（McDonald）、俄亥俄（Ohio）、卡耐基钢铁公司（Carnegie Steel）、阳光港（Port Sunlight）、联合利华（Unilever）或伯恩威尔（Bourneville）、吉百利（Cadbury）那种“一城一企业”的日子成为过往。员工可以选择在哪里工作，以及当他们不能工作或不愿工作时，他们可以选择哪种福利。管理者丧失了权力，因此他们必须寻找一些微妙的技巧，来对员工进行激励和让他们作出承诺——这却大大地偏离了弗雷德里克·泰勒工业操作效率的研究分析方法。

网络公司的破产和信用危机都说明了一点，对于现代管理中机构的确定性，我们不能再想当然地相信认可。企业的核心资产不再是工厂和设备，而是员工。员工不同于机器，如果他们不喜欢公司，就可以离开。由于管理员工远远比管理机器困难，管理者开始学习用与以往截然不同的方式进行管理。

画面六：2008 年福特公司和通用汽车去国会请求救助

2008 年 12 月，三大巨头汽车制造商去华盛顿申请紧急财政援助。那是一段十分羞辱的经历。他们不得不舍弃华丽的私人飞机，然后驾车到华盛顿。如果说福特和通用汽车公司曾是现代管理先驱的话，这会儿他们发现自己又成了公司破产的先驱。几十年来，能干的管理层优化了生产、改进了质量、降低了成本，并且重组、创新、引进新模型——他们做了现代管理中该做的一切。可是现在，公司的执行总裁们却沦为乞丐，以期能获得政府福利存活下去。对里克·瓦格纳（Rick Wagoner）——通用汽车的执行总裁而言，这更让人懊恼和窘迫。艾尔弗雷德·斯隆曾是现代管理和通用汽车公司中响当当的封面人物。2009 年 3 月瓦格纳被免职，结果他成了通用汽车公司的替罪羊，兴许还会成为现代管理失败的牺牲者。

陷入如此悲惨境遇的不仅是汽车制造商，银行的情况更加糟糕。数月之间，投资银行这类“物种”就“灭绝”了：雷曼兄弟（Lehman Brothers）破产了；贝尔斯登（Bear Stern）和美林（Merrill Lynch）被接管；高盛（Gold Sachs）和摩根·斯坦利（Morgan Stanley）迅速转型为商业银行。为此，纳税人需支付高达7 000亿美元的紧急救援金，而实际数字还在不断增长。

当一家公司出现问题时，说明这家公司犯了错误。当整整两个行业都面临坍塌时，一定说明有更大的问题存在。这“更大的问题”一方面是经济衰退——暴露了繁荣时期所有不当行为和错误过失。然而，管中窥豹，可见一斑。隐藏在网络公司破产、汽车制造商的困境以及投行不景气背后的是另外一回事儿。

每个案例中，睿智的管理者都进行了精明的分析，得出了聪明的解决方案。可是，把每一个精明的分析放在一起，整体上却产生了自我毁灭的结果。他们非但没发现炼金术士点石成金的配方，却找到了个相反的配方——如何毁掉广大股东的财富。这时，启蒙运动的美好梦想破灭并化为梦魇：普适规律承载了如此之多，乃至连它预示的反面情景也同时应验。普适规律似乎是化繁荣为贫穷了。

信用危机不仅暴露了之前繁荣时期的各种不当行为，也同样暴露了现代管理自身的根本缺陷。当每家公司都进行同样的理性分析、产生同样的方案时，你看到的不是竞争优势，而是竞争自杀。在科学领域，此种情形是有利的：不同的人运用同样的规律，得到同样的答案。这个过程确认了科学理论的正确性和真实性。然而，知识经济是建立在创新、多样化和无数细小的失败之上的。简单化的战略、金融和领导规律带来的是整齐单一，而非创新。如果管理者达成同样的方案、做同样的事情，那么在金融市场或在别的什么地方，灾难就会接踵而至。竞争优势不再于所有人“大一统”中产生，而来自于某些方面的与众不同。

繁荣时期，市场上人人趋同无关紧要。如若需求强劲，所有竞争者都可赚得盆满钵满。水涨船高就是这个道理。当繁荣演变为萧条，市场上的需求大潮亦随之变动，结果许多船就被搁浅在海滩了。成功法宝成了失败定律。

如果信用危机指出了刻板化战略所隐含的危险性，这对现代管理来说是个好消息。管理者不该沦为理论的奴隶，他们需要创造自己的未来、制定自己的规则、掌控自己的命运。从这种意义上讲，无序的新世界既充满自由美好，也令人身心交疲。

由画面到电影

当一场革命进行了300多年，我们很难看出其中每天的变化。我们需要像查尔斯·达尔文(Charles Darwin)一样从一个长远的角度来看待问题。达尔文接受过地质学培训。大陆漂移，海底上升至山峰，这些都让他从时间的角度来看待问题。因此从地质时间上来看，他认为动物可能在百万年的繁衍生息中发展进化，甚至发生巨大变化。所以从地质时间上来讲，一场300年的革命，其迅速程度也可以是瞬息万变的。

按这种思路，我们现在可以把这六幅历史画面拼贴起来，形成一部电影。我们需要辨清方向和变化趋势，而不是仅把目光停留在历史这几个孤立的片刻中。

前三个画面为我们展示了现代管理持续不断的发生发展。从牛顿到亚当·斯密、亨利·福特、艾尔弗雷德·斯隆和弗雷德里克·泰勒，他们都持之以恒地追寻成功法则，包括战略成功法则、竞争法则、卓越经营法则、管理成功法则以及人员管理法则。

后三个画面从战略和机构两个角度，展现了现代管理的正统学说是如何从瓦解走向终结的。结果就是管理的解放运动。管理所面临的挑战不是沦为法则的奴隶，而是要制定自己的规则，书写自己的命运。对一些人而言，这种自由是可怕的，因为它消除了原有的确定性；而对勇敢者而言，新世界就是他们的机会。

电影：寻找魔法

现代管理中对魔力成功法则的追寻可谓历史悠久。时至今日，还有学界人士和管理顾问们仍孜孜不倦地提出各种最新理论，教人们如何取得成功：波士顿矩阵（BCG grids）、波特（Porter）的“五力分析”（Five Forces）、哈梅尔（Hamel）和普拉哈拉德（Prahalad）的战略意图和核心竞争力（Strategic Intent and Core Competences）、普拉哈拉德的弟子金伟灿（Chan Kim）的价值曲线（Value Curve）。人们对普适性战略方法的探求，是沿袭了启蒙运动时期寻找一切事物普适规律的做法。这些战略理论主要存在两种问题。

苹果向上落

所有理论都以案例为基础，理论会根据案例的实际情况进行调整、改进。因为在实际中，用来阐明理论的成功案例，没有哪个会应用虚有其表的理论。其二，每条理论都具有高度选择性：任何与理论相左的例外情况，它们都忽略不计。哪怕牛顿发现一只苹果向上落去，他恐怕也得改变想法。然而，充斥在市场上的大多数战略法则都言过其实，它们之中不乏存在例外情况的理论。打个比方，就好比虽然还有几个果园的苹果都向上落，但仍然诞生了万有引力定律。说白了，理论研究就是门虚假可鄙的学科，任何一个科学专业的学生都会为此羞赧汗颜，更不用说教授了。

跟着1 000只旅鼠迁徙不会错

从定义上来讲，普适性的战略法则是自我否定的。如果每人都进行同样的理性分析、得出同样的方案，结果就是集体自杀。这就是无序之源，它为我们解释了网络公司破产、信用危机、像3G电信公司拍卖这样的行业灾难以及1986年英国市场放开之后人们对政府债券疯狂作价买卖这些现象。每种情况下，都存在一定空间让少数参与者赚钱，可是当每人都做相同分析、挤进同样市场，那么他们就都离赔钱不远了。当人们不用战略法则辅助思考，而用它来代替思考时，问题就出现了。法则体系变成了围困人的囚笼，令人们无路可逃。

机构法则与战略法则同理。人们追求的普适性成功法则最终化为海市蜃楼。所有卓越的机构都走向破产倒闭。通用汽车公司或许代表了艾尔弗雷德·斯隆在职期间最佳管理行为的鼎盛,可如今很少有管理者愿意仿照通用汽车的做法了。

最著名的一次将企业成功法则化、规范化的尝试是在30年前。麦肯锡公司(McKinsey)的两名顾问彼得斯(Peters)和沃特曼(Waterman)决定通过研究当时最成功的公司来破解成功管理法则。他们对那些发展稳定、能持续取得成功和创造股东价值的公司进行仔细挑选,然后将结果出版成《追求卓越》(*In Search of Excellence*)一书。现在我们来比较一下这两个名单。

A组	B组
数据设备公司(DEC)	美国运通(American Express)
王安电脑公司(Wang)	西南航空公司(Southwest Airlines)
通用数据公司(Data General)	联邦快递(FedEx)
阿莫科公司(Amoco)	可口可乐公司(Coca Cola)
德纳公司(Dana)	通用电气(General Electric)

在这两个名单中彼得斯和沃特曼都犯了"近视眼"的毛病:他们认为,只有美国公司是值得研究和学习的成功范例。这种缺乏远见的毛病在诸如《从优秀到卓越》(*Good to Great*)这类书中存在已久,它们都无法将视线移出美国,认真研究美国之外的世界。吉姆·柯林斯(Jim Collins)精心选择的11家"卓越"公司全部都是美国公司。然而自2001年该书出版之后,他"宠爱"的卓越公司就都时运不济,面临亏损:电路城公司(Circuit City)破产了;吉列(Gillette)被接管了;纽科(Nucor)几乎收不抵支;房利美(Fannie Mae)刚刚被政府投

入了大笔紧急财政救援金。再一次，我们发现了成功的短暂性，因为根本没有使企业青春永驻的灵丹妙药。如果非要找到成功的模型，那就需要放眼国外。美国市场正逐渐被日本公司和中国公司吞噬，更多的工作都外包给了印度。世界上没有哪个公司和国家能对卓越和成功实行垄断。

A组名单是被《追求卓越》一书列为卓越典范的公司；B组名单，尽管当时也存在，却几乎没人注意。问题不是分析出现了错误，因为麦肯锡的分析一丝不苟。问题在于卓越本身就是短暂的。适用于今天的不一定适用于明天，适用于美国的不一定适用于中国，适用于银行业的不一定适用于汽车行业，而适用于20世纪70年代美国公司的不一定适用于今天的全球企业——因为世界变了。技术、互联网、全球化和亚洲的崛起不过是其中的几个变化，昨天的法则不适用于今天。

要明白成功有多短暂，让我们看看25年前的情况。1984年金融时报100指数(FTSE100)创立：它由当时英国境内前100家上市公司组成，这些都是当时英国国内不可逾越的行业巨头。25年过去了，仅有33家还名列金融时报100指数之内，其他的全都降级了。美国的情况也差不多。25年前的财富100强中而今仅有40家公司还在榜内，其中超出一半的顶级公司在10年之内被人赶上或者接管。我们再稍往前看一下，1957年的原始标准普尔500指数(S&P500)中仅有87家还在其中，只有不足20%的公司能将其前位保持50年。这个存活率足以证实了成功的短暂性。我们非常确定，许多今天人们为之欢呼的成功典范，明天就会被悄然遗忘。

如同雾天里寻找烟雾信号，追求卓越其实是徒劳的。即便真存在所谓的卓越，也不过是一时间对一家公司有效的某些方法。卓越并不具有普适性，它实际上指在任何情况下某种特有的契合和效果。因此卓越的概念是随时变化、因公司而异的。

乍看起来，我们似乎是在观看一部灾难片：大公司纷纷倒闭，通向未来的路线图非但没有引导我们取得卓越和成功，却把我们带进比以往更大的风险之中。所以，现在就让我们转危为机、化灾难为胜利，看看为何现代管理的终结令人欢欣鼓舞，而不是件让人懊恼悲痛的事。

对于任何一家陷于困境的公司来说，其背后都有另一家公司热切盼望着取代其位置。如果只看到这些困难中的公司，我们看的是灾难片；而如果看到将要取代其位置的另外一些公司的话，我们看的就是励志片了。在下面这个"在位者和挑战者"的名单中，有几点内容值得注意。

- 二三十年前，许多"挑战者"名不见经传，甚至根本没有出现在"在位者""竞争雷达"扫描的名单中。
- 尽管"挑战者"一无所有——没有"在位者"的任何资源、技能、市场掌控力和财力——他们还是成功了。
- 成功并不仅仅依靠新技术，还要依靠管理。
- 更多的成功故事讲的是通过占领尚未出现竞争的新领域而取胜，比如联邦快递、谷歌（Google）、微软（Microsoft）、音乐电视（MTV）全都占领了全新或者较新的竞争领域。

把目光从挫折转向成功，我们会发现，刻板的现代管理终结了不

在位者	挑战者
通用汽车(GM)、福特(Ford)	丰田(Toyota)、本田(Honda)
英国航空公司(BA)、美国航空公司(AA)	西南航空公司(Southwest Airlines)、爱尔兰瑞安航空(Ryanair)
美国全国广播公司(NBC)、英国广播公司(BBC)	美国有线电视新闻网(CNN)、英国天空广播公司(Sky)
美国电话电报公司(AT&T)、英国电信集团(BT)	威瑞森通讯公司(Verizon)、沃达丰公司(Vodafone)
巴诺书店(Barnes and Nobles)	亚马逊(Amazon)
施乐公司(Xeorox)	佳能公司(Canon)

是什么问题，而是一个彻底开启管理新世界的机会。没有人知道这场革命何时结束，因为显然我们还身处其中；我们也不知道这部影片如何结束，甚至是否会结束。此书的目的就是描绘这场革命发展至今的状况，并向管理者和企业提出建议，教他们如何在这个充满不确定和机遇的新世界中适应并发展。

未来的迷雾

透过未来扑朔迷离的迷雾，我们看到正在出现的五股主要革命潮流。

战略革命与无序新世界的挑战

成功法则在非对称竞争中瓦解失效，因为挑战者不遵守在位者制定的规则。挑战者按照自己的规则竞争，开辟了自己的市场领域、建立了新的市场细分以及研究市场的角度；他们打造新渠道、开发了新的销售方式。在这种创新的过程中，技术起到了促进和支撑作用。但如果把技术提升到引领创新的位置，那么后果就是网络公司的破产。战略革命的关键词是市场和管理，而不仅仅是技术。

权力的转移

我们目睹了权力的四次根本性转移：

- 从股东转向管理者；
- 从西方转向世界其他地方；
- 从生产商转向消费者；
- 从不熟练者转向熟练者。

如果看到工人们不再反抗万恶的工厂主，想必马克思的地下之灵也会得以安息。现在媒体对于股东在年度大会(AGM)上勇于“反抗”经理、投票否决管理者方面的报道铺天盖地。风险和报酬已经不再偏向于资本，而是大大偏向于技术有利的一面；资本拥有者承担风险，而管理者获得报酬。正像在工作上拥有更多权力，作为消费者的管理者在生活中也拥有更多权力和选择：权力从生产者向消费者转移。权力从西方到世界其他地方的重大转移，在各种资料里都有记录，然而这个转移才刚开始。权力的转移可谓任重道远，它将会永久性地改变我们的商业环境。

知识和公司瓦解

跟技巧和管理一样，思想和知识相对资本都变得越发重要。一个好的想法势必胜过一个乏味的资本金额，如今伟大的企业家们，从布兰森(Branson)到盖茨(Gates)，都是白手起家。知识的重要性就在于，它会迫使公司更加专注于它们所擅长的事情。随着公司围绕价值产业链进行不同分工，他们由高度集中走向瓦解。苹果公司(Apple)可以控制其音乐播放器 iPod 的生产，但在亚洲从事 iPod 生产的19 000名工人中，只有 30 名是 iPod 的员工，其余都是为韩国、菲律宾、中国、日本的劳务承包商工作。世界产业链不同环节的高度专业化，给公司内部及公司之间的协调和整合带来巨大挑战。

组织和结构的坍塌

传统的组织结构正在瓦解，内部结构和外部结构都是如此。从内部来看，命令与控制功能性组织正让位于矩阵式组织。而后者更灵活、更富有挑战性。对管理者而言，在矩阵式组织中，个人作用不易被发现，但崭露头角也相对困难，因为这需要学习新的政治技巧和人际交往技巧来推动事情成功。从外部来看，组织的界限正趋于模糊化。过去"一城一企业"模式中的一个城镇，如同中世纪工事良好、自给自足的小城。而现在机构中的许多关键功能都采取外包方式了。

工作方面：自由和奴役

员工不再是完全由强势雇主摆布的合同工了，他们在技能、物质、福利和选择中找到了自由。伴随自由而来的是责任。员工们不再指望工作过活，或指望家长做派的雇主关心他们的福利。员工和管理者必须自己照顾自己。新世界的不确定同时催生了一种新的奴役:管理者被电邮等技术枷锁所束缚,被期望一周7天、一天24小时随时待命。获得了自由和权利,我们需要学习如何使用它。

在接下来的章节中,我们会继续探讨这些话题。我们会看到这些变化是如何产生、对管理者意味着什么,以及他们能如何充分利用每种变化。这些变化具有很大的深度和广度,为了便于理解革命的规模,我们来看看下面这个摘要。

现代管理与无序的新世界对比	现代管理	无序的新世界
1. 战略革命		
战略	分析、确定性	实验、不确定性
	竞争型战争	非对称竞争
	遵循既定规则	改变规则
营销	销售有形产品获利	销售无形价值
	制造、销售	共同创造
	单一渠道	竞争性渠道
客户	按等级划分的国内客户群	按生活方式划分的全球客户群
	态度	行为
	以整体客户为对象的静态市场	以单个客户为对象的大众市场
2. 金钱、信息和权力的转移		
会计	部门	活动
	标准报告	自制报告

（续表）

现代管理与无序的新世界对比	现代管理	无序的新世界
	有形资产	无形资产
信息	匮乏	过剩
	偏向生产者	民主的，内外皆如此
	集中主机处理，信息复制者	分散式计算及复制
权力	正式	非正式
	层级	网络
	资本拥有者：投资者	资本控制者：关键员工
3. 组织和结构坍塌		
结构	森严等级	扁平矩阵
	命令与控制	引领和授权
	功能	流程
沟通	自上而下	360 度全方位
	单渠道、一次性	多渠道
价值和成本链	集成式、内部资源	碎片式、外包型
4. 工作方面		
工作时间	早上 9 点至下午 5 点，标准化	全周全天，灵活性
	缓慢	快速
	单一任务制	多重任务制
工作空间	确定的办公室	无固定工位，不确定性
雇佣关系	雇佣	可雇用性

（续表）

现代管理与无序的新世界对比	现代管理	无序的新世界
	标准合同	具有谈判空间
	忠诚度和牺牲	员工至上，以人为本
技能	低、技工型	高、人际、政治型
	明确的：知其然	隐含的：知其所以然
员工	服从	承诺
	病假、考勤管理	福利管理
	工资和晋升	认同和地位
领导	传统英雄	团队活动

显然，不是所有组织都能完成从现代管理到新世界的转变。对很多组织而言，革命还未到来。比如说，人寿保险行业中的大部分公共部门和其他官僚机构，面对日渐衰退的现代管理世界，都踯躅不前，无所适从。由于远离激烈的竞争，他们不用面临改变的压力。但是，改变一旦发生，就会很突然。那时，这些遗留部门再去适应就为时已晚。大象是不学跳舞的。

从这个简略的列表可以看出，革命之火已经燃起在管理学的每个角落。就这方面来说，这是场真正的革命，因为革命就是要改变一切事物。法国大革命不仅仅是政权的更迭，它还改变了立法、引入了公制、引进了新国旗。甚至，它还引进了一种有效处决犯人的新方法——吉勒坦博士礼节（Dr. Guillotine）。管理革命也改变了任何不利于处理人的方法，包括解雇员工的做法在今天和十年前也有很大的差别。

不可阻挡的革命

“让地球停一下，我想离开”是 20 世纪 70 年代叛逆的嬉皮士们的口号。我们不能让地球停下来，同样也不能阻止管理革命。这场革命被至少五大力量推动着向无序的新世界前进。

技　术

人们难免为新技术的光芒感到眼花缭乱，因此也很容易认为革命就是技术的革命。但是技术革命在我们身边已有 200 年历史了。1835 年铁路的出现令威灵顿（Wellington）公爵大为惊慌——铁路开通“仅是为了鼓励普通人不必要的到处游走”。实际上铁路也是富有革命性的，因为它提高了人们的流动性，降低了成本，提高了货物的运送速度，甚至迫使国家采纳一种共同时间——铁路时间——以使列车时刻表可以统一化、规范化。铁路不仅本身具有革命性，它还在交通、大规模生产和大规模消费领域带来更宽广的革命。

技术革命还没停止，而且也不会停止。每一代人都认为他们所面临的是不同寻常的技术变革。1963 年，时任英国首相的哈罗德·威尔逊（Harold Wilson），庄严宣布英国“将要在这场白热化的（技术）革命中加速前进”。现在看来，他当时所想所指的是哪种令人兴奋的技术，我们不得而知。电路、电气、电话、汽车、飞机、核能、计算机以及互联网都自称为最大的革新。而下一代人深信，下一轮的技术革新将比我们看到的任何变革都巨大。

教育

我们或许比祖先聪明，当然也可能不如。但我们一定比他们更有学识。50年前，只有不到10%的劳动力接受过高等教育。如今，整个经济合作与发展组织（OECD）中，有平均58%的年轻人正在接受高等教育。教育对管理革命至少从如下三个方面起着支撑和维系作用。

- 受过更好教育的员工会对他们的工作性质、环境、薪水以及发展前景有更高的期待。管理这样的员工是一项高成本的工作。人员管理已经开始从以往维护顺从性的文化向培养员工对企业的承诺上转变。
- 受过更好教育的员工不仅希望得到更多，他们也能完成更多工作、取得更多成绩。他们希望而且也需要参与高价值和高技能型活动。
- 员工受过更好的教育，能够将权力的天平从投资者移向工人一方，因为控制资本比拥有资本更加重要。信用危机一旦过去，我们就会再次发现，对人才的争夺比对资本的追逐更加迫切，如今人才成本已经超出了资本成本。

物质富足

我们都越来越富足，尽管经济衰退期间似乎不是这么回事儿。但是，就物质方面来说，我们确实要比我们的父辈和祖辈们好很多。日益富足的物质既改变了市场供给，也改变了需求。

在需求一面，更大的社会富足会创造更多的新市场和新机遇，大众旅游和国际旅行就是最显著的例证。曾经只为少数人所拥有的奢侈品，包括汽车、冰箱、计算机、手机等消费品，如今也成为大众生活的必需品。因此，是社会富足创造和完善了整个新行业。

在供给一面，生活殷实的消费者成了昂贵的员工。这也促使雇主转向价值链上的高端环节，从事高价值的商业活动。这反过来又会推动价值链的划分、外包、新竞争方式和管理方式的产生。

全球化

跟技术一样，全球化也存在已久了。1890 年时，英国的商品出口总额占其 GDP 的 27.3%；到 1990 年时，这个数降到了 20.6%。而美国的这组数据分别为 5.6%和 8.0%。高级经济体早就融入到全球化的进程当中。现在的变化是，有更多国家，尤其是亚洲国家，进入到全球经济中来。结果，世界商品出口总额相对全球 GDP 总值的比例从 1890 年 6%增长到 1990 年 13%，翻了一番还多。

同时，全球化还强化了富足的效果。在需求方面，全球化催生了更大的市场领域和更加专业化的市场细分。得益于更大的技术革新和更激烈的竞争，在某些地区不能得到填补的利基市场(空缺市场)，可以在全球范围内得到满足。

规模效应也加速了技术革新。比如，新建芯片加工厂的成本核算高达 30 亿至 40 亿美元，唯有服务于全球市场，它们才能做到收支相抵。因此，只有通过技术革新，才能满足全球市场的需求。

在供给方面，全球化加速了竞争进程。随着低成本国家占据了所有可外包的低价值工作，从流水制鞋到数据中心管理，富裕国家不得不转向高价值行业。人们早就认识到了比较优势的存在。1817年大卫·李嘉图注意到了比较优势，虽然这个例子稍有荒唐，但他认为人们应该在苏格兰种植葡萄、在葡萄牙织布，因为在全球化的潮流下，每个国家只能专门生产它最擅长的产品，然后用来交换其他产品。

衰 退

经济衰退对个人来说很难捱，可对社会进步却有好处，因为它为资本主义系统提供了大扫除的机会，抛弃最糟糕的（或者是倒楣的）企业和管理者。在经济繁盛时期，生活相对安逸，规则可以逃避；衰退的到来，暴露了各方面缺陷，因此只允许强者或者说更强者在经济恢复时再重返舞台。

衰退期间，教育、技术、富足的力量都由良性化为恶性：它们迫使管理者做艰难的决定——要么改革和适应；要么完蛋。衰退使已经发展得很快的变革继续快马加鞭。

教育、富裕的生活、技术以及全球化都乘上了上行的列车，会发展得越来越好，这一切都不可能戛然而止。虽然衰退会结束，但它还会再来。正是由于这个原因，管理革命非但不会停止，还要加速前行。

所有革命都分胜利者和失败者。在前进路上站对了位置和方向，就会大有裨益。这本书将带您进入无序的新世界。

第一章

战略：从遵循规则到制定规则

战略的理论和实践一度把公司管理者分为两派。实践派和战略大师是生活在两个星球上的人，他们偶尔也会在某个中立场所见面，比如会场。这时，战略大师就会登场，挥舞着手臂，发表一个精彩无比、振奋人心的演讲。随后却什么也没发生。实践派管理者回到办公室，结果发现今年的战略就能替代明年的战略、预言明年的发展。内容上或许多少有些调整，但基本还是相同的。新战略可能会更多强调于某个销售渠道、客户群或产品系列；或是预言全球化的步伐将会加快；要么就是某位敢想敢干的执行总裁计划收购一两家企业。但从本质上来看，公司业务还会基本沿着之前的轨道发展。而这些规则中也有些值得注意的例外情况。称其为规则的例外情况重点不是说规则，而是说例外。世界新闻摄影集团（WPP）在它成为世界最大广告公司之前，还是一家做超市推车的空壳公司；诺基亚（Nokia）公司是做森林产品起家的。但如果你看一下道琼斯（Dow

Index)的成分股指，你会发现这些公司的战略都跟他们十年前某位总裁提出的差不多。战略理论，将不幸沦为管理革命的最大受害者之一，这很可能是件好事。最好的情况是，许多公司根本不理会什么战略理论；而最差的情况是，战略理论给公司带来危险。与战略大师轻松敏捷的回答相比，战略执行可能更加无趣和困难。但每次实践都会战胜理论。这一章，我们就来看一下战略理论为何会在它自身矛盾的重压之下坍塌，然后我们再谈谈即将取代战略理论的战略实践。首先，我们需要明白，什么是战略。很多管理者简单地认为，战略等同于“重要”，而且常在找不到其他说辞的情况下搬出来证明一件事情。其实，这种做法跟虚假广告差不多，比如说：

- “这项关于信息技术的战略提议……耗资 1 亿美元……事关公司存亡”这句话实际的意思是，这个信息技术项目缺乏财务数据支撑。
- “战略人力资本部”是对人力资源部夸大其词的称谓。
- “这个战略项目”说明发言者认为它很重要，尽管别人都不这么认为。

战略的含义应当远远多于“重要”。实际上，每人对战略的定义都不尽相同，而且都全力维护自己的说法。比较可行的是下面这几种说法。

- 通过优化公司的角色和资源来实现公司愿景。

这个定义提出了如下几点基本战略问题：

- 我们在市场中的位置如何，与谁竞争(如果有的话)？

- 我们把有限的资源集中在哪里使用?
- 如何设定我们的内部和外部价值链?
- 如何更好地服务于市场,既取得经济效益又充满竞争力?
- 为了达到目标,我们需要收购、建立联盟或者撤资么?

我们将会按照以上这个定义来检验战略理论和实践。对战略理论的检验主要参照下面三个标准:

- 能否始终如一地解释过去的成功和失败案例?
- 能否始终如一地预测未来的成功和失败?
- 能否准确规划出企业未来的行动?

因此,唯有能够解释、预测和规划的战略才对管理者有用。而我们看到的是,大部分战略理论至少有以上一个或两个标准达不到。

战略理论

企业战略理论的发展经历了两个阶段:古典时期和现代时期。这两个时期都是启蒙运动和现代管理的孩提时代:它们寻求能将平庸企业转变为杰出企业的普遍规律,在纷繁芜杂的世界中提出令人鼓舞的简单化法则。如果这些法则有效,那就再好不过了。可这些法则,作为售卖给企业的战略良药,却跟美国西大荒时期(Wild West)那些江湖医生兜售的灵丹妙药差不多,都不可靠。这些简单化法则理论的基础薄弱,在实践中应用起来又很危险。现在,我们正进入战略思考的第三阶段,需要做些真正的思考,而不能仅仅停留在盲目应用站不住脚的理论上面。现在是后现代时期,没有成功的普适性法则和永恒的法则,只有在一定时期、一定市场情况下,对一家公司行之有效的方法。最好的成功法则不是从什么聪明的分析设计中得出的,而是在实践中发现的。

古典时期

战略理论的古典时期是真正体现启蒙运动精神的时期。教授、权威和咨询师孜孜不倦地探求战略的经验规律,以求能对不同组织的成功和失败作出解释和预测。他们都或多或少取得了些成果。古典战略的核心内容是两个紧密相连的理论:

- 波特的五力分析模型;
- 波士顿增长—份额矩阵。

1979 年,迈克尔·波特(Michael Porter)在《哈佛商业评论》(*Harvard Business Review*)中写了"竞争力量如何形塑战略"(How Competitive Forces Shape Strategy)一文。文中指出,一家企业能否取得经济成功主要由以下五种力量决定:

- 市场上的竞争对手;
- 新到者的威胁;
- 供应商的谈判力;
- 买方的谈判力;
- 替代产品的威胁。

如今,这会被称做“刺眼的显著事实”(BFO),指明摆着的事实。一家公司如果在以上五个方面都面临巨大压力,那么相比在这五方面压力稍小的公司,必须在市场上全力拼杀才能获得更高的利润。甚至更多的现代理论,如蓝海战略(Blue Ocean Strategy,钱·金和勒妮·莫博涅),都在引用波特的理论。他们认为,商家应当开辟无竞争的新市场。“蓝海”,实际上是对波特三十年前说法的回归和引用:去竞争力最弱的地方竞争。一般来说,如果你不是成熟市场上根基稳固的企业,转向新市场是个好主意。工程公司从头再来、转行做专业金融公司或创意网络公司的这种主意,只有战略专家在大会上鼓励委靡不振的总裁们时才管用。对于在竞争惨烈的行业中谋生存的企业总裁们来讲,“五力分析”既不能给予希望,也不会提供启发。

“五力分析”的利与弊都在于它本身的模糊不清,因为你不能简单地量化其中任何一种力量,它也不会采用像 $e = mc^2$ 这样令人信服、赞叹的方程计算。这使它既难于证明,又难于否定。然而,要确定在哪个层面上进行分析就更加困难了。法拉利(Ferrari)和菲亚特(Fiat)两公司在汽车行业内竞争激烈,但值得一提的是,他们在各自的市场细分中并不存在竞争,而且也面临不同的竞争压力。暂且不说理论本身,“五力分析”在实际应用中也会有风险。它通过分析得出的预言,要么是自我否定和毁灭,要么就是自我肯定和实现:比如说,它认为某些市场因为竞争太激烈,不值得投入其中去参与竞争。家用洗涤剂、石油和超市零售业都是竞争激烈的领域,面临买方市场的巨大压力,但是这也无法阻止宝洁(Procter & Gamble)、英国石油(BP)或者沃尔玛(Wal-Mart)赚取利润。对钢铁行业进行“五力分析”得出的结果十分糟糕:对手强硬、替代产品高威胁、买方市场的压力巨大。恐怕，得找个最有胆量的人才敢跟来克西米·米塔尔(Lakshmi Mittal)说，钢铁不是个好行业。可是，通过建立阿斯勒米塔尔钢铁公司(Arcelor Mittal)，米塔尔那时已经成为了亿万富翁。所以，对于如何在这类行业中取得成功，“五力分析”也没有提出深刻的见地。纽科公司(Nucor)做得相对好一些，它在小型工厂和钢铁循环利用的基础上，树立了创新企业模型。可对于一名行业中的执行经理而言，“五力分析”是完全没用的。如果被告知，你根本入错了行，进入了一个没什么吸引力的公司，会接着引出一个最简单的问题：那又怎么样呢？难道我们都得消失然后成立网络公司，或是在佛蒙特州(Vermont)盖一个素食农场？不仅如此，就我们如何充分利用好现在这个行业，“五力分析”也无法给我们任何启发和帮助。

“五力分析”在波士顿增长—份额矩阵及其“近亲”通用矩阵(GE grid)中得到了更加精确的定义。波士顿咨询集团研究一个公司的相对市场份额和一个行业相对市场增长的关系。在研究中相对于竞争的市场份额代表一家公司的竞争实力，相对于名义 GDP 的市场增长代表市场吸引力。通用矩阵运用了相似因素，对市场吸引力和公司的竞争地位进行了定性分析。

通用矩阵和波士顿矩阵不仅研究行业整体，更是关注了企业个体。这两种方法也被用做诊断和说明工具。如下图 1-1 所示，根据每家企业在矩阵上所处位置的不同，解决方式也不同。

在我们完全否定顾问惯用的 2×2 矩阵(或者你更高端资深的话，可能会用 3×3 矩阵)之前，还是先来看一下其优点。首先，增长—份额矩阵是有调查和试验依据的。市场引领者比跟随者更容易赚钱。这不奇怪。在任何一个行业中，都有一定的固定成本，在同样

图 1－1　波士顿增长—份额矩阵

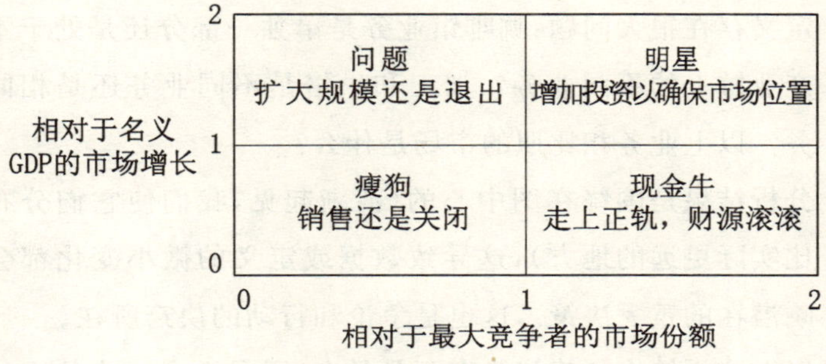

的固定成本下,高产量行业(市场引领者)获得更多的收入。即使在今天,这也是提高利润率的一剂良方。在人们用矩阵方法来替代思考,而不仅仅是辅助思考时,问题就出现了。结果这个构架成为每一个使用者的桎梏,而且还是个十分危险的桎梏。图 1－2 是产品组合分析中的经典产出图:它把一家食品公司的所有产品业务都放在波士顿矩阵中,每个圆圈的大小都与相应业务部门的销售额成比例。

图 1－2　某食品公司的波士顿增长—份额矩阵分析

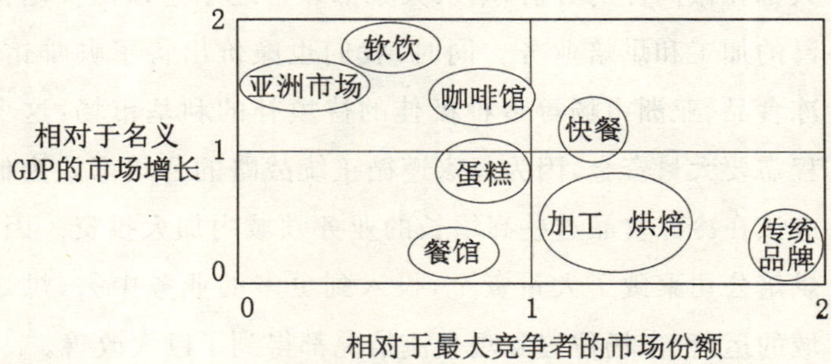

当我们运用“通用矩阵”来调整分析时,结果是基本差不多的。

分析结果说明了此类分析最常见的三种问题。

1. 定义存在很大问题:咖啡馆业务是单独一部分还是处于不同产业链上的不同业务?加工和烘焙是不同业务还是相同业务?以上业务相比照的市场是什么?
2. 分析结果是围绕在图中心的(清晰起见,我们使它们分布在比实际更远的地方),这导致数据或定义的微小变化都会影响潜在的重大决策。这也是争论和行动的诀窍所在。
3. 以上分析给出的建议简直不是救命,而是要命。为什么这么说呢?显而易见,第三个问题才是最大的问题。分析建议:加工业务和烘焙业务应逐渐淡出并关闭以提高利润;公司业务应集中在冷冻食品领域以便成为世界的领头羊,或者集中在其他高增长业务领域内。但是该公司的业务本来就是基于加工和烘焙这一领域的,因为这是他们最擅长的专业。实际上,更具启发性的建议应是——加大加工和烘焙这一领域的投资,并收购其他公司的加工和烘焙业务。由于业内所有人都在做同样的分析,结果大家都非常之乐意以低价出售自己的加工和烘焙业务。同时,我们也廉价出售了咖啡馆、冷冻食品、亚洲市场等多种极佳的待填补的利基市场:这个过程需要大量资金,因为每家遵循正统战略的公司都认为他们应该在冷冻食品这些高增长的业务领域内加大投资。因此,烘焙公司聚敛了大量资金,投入到更多的业务中去,烘焙领域的运营、市场位置和现金流情况都得到了巨大改善。

也有更激进的做法。有个竞争对手认为,所有大公司都在精简优化其产品组合,并想放弃他们日渐衰落的一些传统品牌。这位竞争者竟然整理了这些衰退品牌的全部档案资料,并且建立专有技术来维持支撑这些品牌。比起那些大型快速流通的消费品公司,他们可以给予这些品牌更多的关心和照料。

这两家公司的经历折射出古典战略的致命弱点:自我毁灭。如果一家公司遵循某条战略,它或许能取得战略上的辉煌。但如果所有公司都选择这条路,那局面就成了竞争性自杀。可是,对于这种自杀性的群体战略,各个行业都展现出了强大执行力。据国际民间航空组织(ICAO)估计,从 1968 年到 2005 年间,全球航空业共损失 40 亿美元。尽管市场上也有赢家——比如低成本的航空公司和寡头垄断的航空公司,但是,除此以外的其他公司,均按照这种战略维持着一种"问题模式",结果作茧自缚,无路可逃。还有一些行业在天花乱坠的网络繁荣中迷失了自我,被这些最新思想洗了脑,认为这次情况有所不同,人人都能成功。这种疯狂的从众思想给公司董事和普通人带来的影响是相同的。以下四个事例可以说明:

1. *1986 年英国金融服务业管制解除(大爆炸事件)*:在 1986 年之前,只有四家公司可以从事英国政府债券的市场活动。管制解除后,大家都分析认为,这将是一个非常有吸引力的市场。26 家公司一起涌入市场,因为太多企业同时争夺有限的业务,他们几年之内均损失惨重。只有施勒德斯(Schroders)和劳埃德(Lloyds)两家公司逆流而上,起码在当时获得了巨大利润。
2. *电信 3G 许可证(UK)*:经过马拉松式的 150 轮报价,最终英国5家公司以224亿英镑的高价获得了电信3G的许可证，这个价格可远远高于当初50亿英镑的预期。这个高价最终又以人均500英镑的价钱转嫁给每个英国人。这是一个“成功者咒语”的经典例证——人们会不顾一切地追求直到最终付出过高的代价取得成功。

3. *网络狂热的1998—2000年*：当竞争法则在互联网领域也停不下来的时候，网络狂热就变成网络爆炸。自从互联网泡沫破灭之后，纳斯达克（NASDAQ）大量的技术股在熊市停留长达9年之久。

4. *全球金融服务（第二轮）*：2008—2009年信用危机。金融服务公司认为他们发现了炼金术。他们可以出借次级贷款，然后将债权重新设计、组合、包装，通过多元化融资最终化解风险。这些金融服务公司对风险和分散的设想都存有缺陷，而且套路也如出一辙。银行家们认为，利用风险分散和金融包装的奇迹，他们能够变废为宝。现在我们知道了真相，垃圾就是垃圾，一堆垃圾也变不出宝贝，它只是更多垃圾。风险也没有消失，风险的泡沫会继续膨胀直至破裂，然后接踵而至的就是全球经济衰退。

我们看到，在每个案例中，聪明的管理者、银行家、顾问和企业家都做了同样的行业分析，并相信自己找到了金矿，结果发现找到的不过是铜矿。他们也不是在掘金，而是自掘坟墓，埋葬了股东们的财富。

下面我们看看古典战略工具是怎样符合本章前面提到的三个标

准的：

1. 能否始终如一地解释过去的成功和失败案例？一般来说，古典战略分析法可以帮我们区分成功者和失败者。但是，这无异于说一个人有50%的可能是女性，或是一个人最多长两只眼睛，毫无悬念。真正有意思的是例外：不论古典战略分析法判断如何，有些公司总会成功。这些"非主流"学说带给我们的收获不亚于主流学说。然而作为一系列理论学说，古典战略分析也面临着"苹果向上落"这类问题，因为例外太多，以至于无法保持理论的逻辑性。
2. 能否始终如一地预测未来的成功和失败？从行业角度，古典战略指出哪些行业可能赢利；而从公司角度，它预测出领导者始终领导，落后者也始终落后。一般来说这是对的，但例外情况广为存在，而且跟主流学说一样有趣。
3. 能否准确规划出企业未来的行动？这是古典战略主要的失败。它要么没给管理者以启发（五力分析），要么提供了错误的启发（波士顿矩阵）。那些最成功的战略富有创新性，跟古典战略的机械说教却没半点关系。

现代战略

过去的二十年中，人们对古典战略分析一直持有抵触情绪。站在抗争最前列的是普拉哈拉德，他培养了一代革命追随者，比如加里·哈梅尔（Gary Hamel）、钱·金（Chan Kim）、文卡特·拉马斯瓦米（Venkat Ramaswamy），这些人都曾毕业于密歇根商学院（Michigan Business School)。在《哈佛商业评论》中关于战略意图和核心竞争力的两篇文章,提出了现代战略学说宣言。这些年来,这些思想的声音在不断减小,现在"战略意图"成了顾问和经理对"目标"夸大其词的说法,而"核心竞争力"成了公司任何特长的代名词。

普拉哈拉德及其助手们提出的思想是强大而新颖的。他们摒弃了波特和波士顿矩阵等学说主张的极其机械的世界观。他们注意到,许多战略成功的公司,原本从理论上分析,是无论如何也不会成功的。

本书前言部分讲了那些商业新秀如何在激烈竞争中崛起并改写世界商业宏图的故事。美国有线电视新闻网、佳能、戴尔(Dell)、丰田和西南航空公司等,全都对各自行业的在位霸主奋起迎击,最终取得了胜利。

三十年河东,三十年河西。三十年前,挑战者们一无所有,毫无竞争力可言。他们没有在位者所掌控的资源、市场控制力、财力以及技术实力。以任何战略理论来分析,他们都无法与在位者抗衡,没有一丝成功希望。然而,每个案例中的挑战者都有办法削弱并超越在位者。而且,所有挑战者都没有依靠互联网革命求发展,他们的成功与技术无关,而是来源于管理。显然我们能从这些故事中学点什么。

普拉哈拉德研究的结果是战略意图和核心竞争力。每个挑战者都胸怀远大理想(即战略意图),并为之努力,认真打造所需的市场和技术能力(核心竞争力)。他选了本田的例子来说明核心竞争力:本田凭借其发动机专业技术,逐步进入所有市场领域——从雪地汽车、弦外摩托、摩托车、割草机到小型汽车,而且如鱼得水,做得风生水起。

理论虽然听着很刺激,但是以下这三个原因说明为何浮夸的理论经不住现实的验证:

1. *任何一个关于战略意图和核心竞争力的例子在实际中都没采用"战略意图和核心竞争力"理论。* 前面说过,理论总是根据现实不断调整。佳能、施乐、本田、小松(Komatsu)等虽被用来作为这个理论的例证,但它们没有一个使用所谓的战略意图和核心竞争力的概念。这也不一定是坏事,因为一个苹果落下的时候也不懂什么是重力定理,但它依然遵循重力向下掉。跟苹果不同的是,大多数经理有思想和意图。因此在没有运用理论的时候,我们需要对构成这些理论基础的例证持谨慎态度。从来没有什么系统的测验,来对比运用战略意图的公司和不运用战略意图的"控制组"两方的表现。在缺乏此类测试的情况下,理论更像辩辞或者讲故事,而不是什么教授的署名。理论缺乏学术严谨性和可信性。
2. *诸多原因解释了挑战者为何会取得胜利。* 在质量运动中,质量革命可以称得上是丰田和本田的成功所在,对价值链的彻底重构帮助戴尔和瑞安航空取得成功,而西南航空公司是采取了"价格廉,成本低"这条最古老的战略来取胜的。
3. *战略意图和核心竞争力在管理学中不宜模仿。* 在实际应用中,这条理论起到集结号的作用,鼓舞管理者接受高难度任务,并且充分利用好有限资源。这样说来,这些理论是很有意义的,但是称其具有革命性还颇为勉强。

普拉哈拉德的弟子钱·金提出了第二代现代战略理论。在勒妮·莫博涅(Renee Mauborgne)的帮助下,钱·金创立了蓝海战略。蓝海战略的核心思想有二:首先,寻求无竞争领域(蓝海)要好于在现有高竞争强度市场(红海)上拼搏。作为寻求无竞争领域的一种方法,管理者会根据客户的实际需求和竞争者的实力绘制曲线,然后相应重新设计竞争产品系列,以最低的成本提供最优的价值,这个过程叫价值创新。通过这个过程,公司能决定曲线中哪些价值因素可以降低或消除,而哪些可以提供或者完全重新创建。

这些例证包括+1旅馆(价格低廉)(Formule 1 Hotels)、索拉奇艺坊(Cirque du Solei)和代森吸尘器公司(Dyson Vacuum Cleaner)。然而,跟战略意图和核心竞争力一样,蓝海战略也存在三个相同的问题:

1. 理论缺乏合理性:由于没有控制组、没有对理论的系统测试,故缺乏合理性。商业成功案例精挑细选出来的有趣故事不过如此:有意思但也有选择性。其合理性与读某位商业领袖的自传、然后试图效仿差不多。理查德·布兰森(Richard Branson)、杰克·韦尔奇(Jack Welch)等许多其他领袖从不惜提供建议,他们总是乐于用自己的辉煌给他人带来启发和动力。
2. 他们所研究的公司也没采用蓝海战略,取胜的原因也是多种多样。代森吸尘器公司不是基于分析和设计价值曲线,而是依靠分析和设计吸尘器本身而开发出的产品,所以产品性能优良。理论在过去成功的基础上不断调整。
3. 蓝海战略在管理学中不易复制。中国移动(China Mobile)

总裁王建宙(Wang Jianzhou)称中国内地市场是典型的“蓝海市场”，但要在这市场上获得成功不是战略辉煌与否的问题，而是行政许可和授权安排的问题。传统公司发现，在新市场上创立新的竞争方式不容易。蓝海战略恰恰不是帮助这些在位公司，而是指导市场新进入者如何参与竞争。

现代管理是场失败的革命，因为它长于浮夸吹嘘，却缺乏结果和实用性。简化法则在大师、演讲家以及顾问这里找到了用武之地。这些法则看上去很美，但对管理者却没什么用。结果，管理者被推到了尴尬的位置——现代管理的拥趸者指出，无论如何，正统古典战略都是危险的；但现代管理似乎也没提供别的选择。这令管理者无所适从——他们面临着紧迫的战略挑战，但似乎谁也没办法。

也有可能是管理者产生了方向错误。十几年来，管理者一直折服于从波特、哈梅尔到钱·金等战略专家的光环。年轻管理者花点小钱去商学院学点规则方法；资深经理不惜下重金聘请一位大师或顾问专门为他们解答问题。大师和顾问都是能言善辩、循循善诱的，就跟 19 世纪西大荒的医药推销员一样，不论是市价不稳还是士气低落，他们允诺能解决公司的所有问题。令我们震惊的不是有人销售假药，而是管理者已经被哄骗得心服口服，准备掏腰包了。

如果大师和顾问提供的是“速效药”，公司则更容易买账。公司的逻辑就是：如果你紧跟最新潮流或雇用的是麦肯锡团队，那么即使出了问题，你的努力也无可厚非。然而，如果你根本没研究过蓝海战略之类的最新管理理论，倘若出了问题，你就麻烦了。总之，在潮流中冲浪，难度不大，风险颇低。而且在现实情况中，无论如何，顾问总会起些作用。他们会以最新潮流为借口吸引你，一旦开始合作，他们就不只是跟在最新潮流或法则后面的奴隶了，他们会做对你最有益的事情。

运用任何法则都可能引起霍索恩效应（Hawthorne Effect）：为了区别于无所作为，管理者会为了作为而作为，这样也有可能改进业绩。可这不应作为法则奏效的佐证，仅能证明主动管理比被动管理更好。经过1924年到1932年在芝加哥城外霍索恩实验室进行的一系列实验，人们才注意到霍索恩效应。每当工作环境改变时，生产力都会提高。即便工作环境恢复到之前的状态，生产力依然会提高。这跟工作环境没有关系，而是因为员工一旦被关注，就会作出反应。

管理者变得过分依赖于管理潮流、权威、顾问、法则以及“短平快”的方法。战略革命是对整个战略行业宣布独立。最初，战略行业为管理者提供支持和帮助，结果它现在变成了个怪物——不断寻觅新客户来填补它对销售收入的无底欲望。咨询合伙人的首要目标当然是完成咨询公司的收费指标，第二个目标才是协助你。

战略构架原本打算用来辅助管理思维，现在成了思维的替代品。当构架成了法则，它就失去了辅助作用，成了阻碍管理者思考的牢笼。其实，不论是古典战略还是现代战略，只要使用恰当都能发挥效用——使用恰当不是替代创新，而是促进创新。

战略实践

在实践中，战略远比现代和古典战略理论法则更富有创造性和不可预知性。告诉管理者战略研究过程具有创造性和不可预知性，可以解放他们的头脑，却帮不上什么忙，但也不是完全弃管理者于不确定之泥淖中。战略实践在以下这三方面还能发挥作用：

1. 阐明战略方法的种类；

2. 教管理者如何变得富有创造性；

3. 教管理者如何评估战略。

不同类型的战略方法

创立一个成功的战略并无简单法则可言。不同类型的公司在不同情境下采用不同的战略方法。一个重要的区别在于公司是市场的“在位者”还是“新到者”。市场的新到者需要新的战略方法，而且也能够接受根本性的变革，他们不能接受的是跟在位者以同样的方式竞争同样的市场。在位者的优势是保护其现有资源并快速增长。同时，他们还会提高市场准入门槛。对两者而言，竞争优势都集中在客户特许经营权、竞争弱势、产品创新或品质卓越、流程效率以及成本管理上。竞争取胜的方法有多种，下面这个表格就列举了一些主要类型：

这个结构图不是简单地列举出战略法则，让管理者毫无创见的盲从，而是给我们展示了可应用的战略方法的种类。战略成功没有独一无二的法宝，尤其是市场新到者，要想在竞争中战胜在位者，更需要寻找新的竞争方法。大卫不是靠巨人的巨大力量打败歌利亚的。他改变了游戏规则——他不用拳头用石头——他接受这个不对等竞争，并没借助任何花哨的理论就取得了胜利。对手失败的场面反过来又能对你的创造力产生巨大推动。

	在位者:提高准入门槛,创造多重竞争优势	新到者:不对等竞争,新的竞争空间
以客户为重点:	已有品牌、惰性:宝洁、联合利华	探索新的市场空间:飞书网(Facebook)、索拉奇艺坊
以竞争为重点:	网络,规模经济:便利店(Utilities)、电话公司、微软(Microsoft)、谷歌	探索在位者忽略的市场部分:小松、佳能
以产品为重点:	内部创新机制:医药公司、航空发动机	更好的捕鼠器:代森、Freeplay
以效率、集约性为重点:	学习曲线、规模经济:汽车制造、银行	重新设计成本曲线:折扣航班、戴尔

在这个结构图中,还有一个更深层次的问题要解决,那就是你选择根战略还是选择支战略。支战略的效果是渐进的,它基于"差不多"原则,对公司和行业现状不会产生什么影响;而根战略的效果是阶段性的,而且会挑战公司和行业的基本结构。大多数时候,大多数公司倾向于支战略,他们不愿折腾,得过且过,认为差不多就行。因此,对明年发展的最好预测就是今年的战略,无非是这里换个词语,那里换个说法。这种方法备受诟病,但在稳定的行业中还屡试不爽。它风险低,大多数公司倾向于本着第一要务行事,那就是维护好现有资源。当新到者出现时——他们采取根战略,接受非对等竞争——采取支战略的公司却常常没有能力改变,他们发现,维护好现有的资源比进行根本性变革要来得容易。可是到他们承认需要根本性变革

的时候,往往为时已晚。

如何进行战略创新?

一和管理者提创新思想,他们就出一身冷汗。创新总是跟头脑风暴联系起来。如果你的产品是汽车或是狗,那你就得想象出它是什么样的汽车或什么样的狗——所幸你还不用想象具有创新思想的狗或汽车是什么样的。关于如何在战略上创新,有至少以下四种方法。

仿效想法

仿效听上去不是创新,但对战略创新其实是有效的。仿效别人的想法,然后照猫画虎,或者是把别人的想法拿到另外一个市场上来用。瑞安航空公司其实就是仿效了西南航空公司的做法,把折扣机票的模型带入欧洲。想法就在那里,众人皆知,但只有瑞安公司有这个脑筋把它做起来。瑞·克罗克(Ray Kroc)对迪克(Dick)和麦当劳(Mac McDonald)的快餐想法照单全收:后者在圣·博纳迪诺(San Bernadino)的餐馆以生产线的方式管理,这种做法同样也启发了汉堡王(Burger King)的詹姆斯·麦克拉穆尔(James McLamore)和塔可钟连锁快餐(Taco Bell)的格伦·贝尔(Glen Bell)。仿效的做法是非常有效的,因为市场调研和可行性研究都已完成,仿效既降低了风险又减少了成本。当今优秀的想法比比皆是,就看谁有勇气去仿效并付诸实践了。

解决问题

创新并非凭空想象，它本质是解决问题。问题越困难，方案就越可能富有创新性。代森想解决吸尘器垃圾袋装满后吸力降低的问题，经过5127个样机的试验，他终于设计了举世无双的吸尘器。代森的例子告诉我们，解决问题并不容易。

问题越困难，方案就必须越富有创新性。比如说，我刚在宝洁工作的时候，卓根（Jurgen）被放了长假，他将担任洗涤剂生产的某区域经理。他的职责很简单，就是使这个区域业务利润增加，成为市场上的领头羊。任务虽然简单，但办法却很困难。市场上的一种产品卫士（Whizz）拥有大约60%的市场份额，而卓根的产品苏德索（Sudso）也不过占40%。卫士还受益于规模效应，享有较低的单位生产成本，而且广告预算也大大超出苏德索。由于卫士是领军品牌，零售业务中它销路很好，通常还会给予零售商一定的折扣，而苏德索却没有——虽然最终这两种商品提货价相同。每次苏德索搞些什么促销，卫士要么在广告投入上大大超出它，要么就在价格中取胜。总之，苏德索赔钱，而卫士却赚钱。

卓根的办法是标本兼治的。不管什么规模经济，他在市场中投入一批“利基”产品与卫士竞争。这批利基产品瞄准市场缝隙，满足特定市场需求，比如说发行一种优质洗涤剂，专门用来清洗油污严重的衣物，发行另一种是针对轻柔羊毛制品；另外投入一个品牌并通过折扣活动来削减卫士的销量；投入的另外一种则兼具织物定型和清洁功能。卫士一下子被逼得无路可走，它无法同时对各个价位的所有产品进行反击。就这样，卫士的市场份额被所有利基产品瓦解、占有了。如果卫士厂商也同时投入他们的利基产品，他们只会进一步瓦解卫士，最终毁掉卫士的规模效应。

卓根的方法成功了，而且原始成本低廉。这是一个非常富有创新性的方案，依靠古典战略或现代战略的任何法则都不可能得到这样的结果。

试　验

战略创新很少完全符合逻辑推理。网络公司的兴盛曾是创新的狂欢，可是大多数公司都倒闭了。网络购物车（Webvan）和 Boo.com网站分别通过开办日用品和服装零售就大赚几十亿美元。直到很久之后，人们才发现，这种付费搜索不是横幅广告，其实就是靠在线搜索的点击率赚钱，而谷歌才是最大的赢家。用股东的大笔资金做试验很快会赔本儿，所以很多优秀的理念不是建立在资金之上，而是建立在好想法之上的。戴尔绝处求生，产生了一个简单的想法：打造订单式电脑。这个想法一举缓解了对库存、受损物品拍卖、复杂的预测报告以及大量流动资本的需求。继而，很多优秀商业思想被发现了。这些思想都不是设计出来的，这说明创造独一无二的新型战略实际上带有一丝随意因素和运气成分。

碰运气

运气非常重要。比如说，劳埃德银行原本决定收购国际公司渣打银行（Standard Chartered）。劳埃德的投资银行部参与运作，却因毫厘之差未能中标。盛怒之下，劳埃德的执行总裁决定放弃它的投资银行业务和辐射全球的雄心，转而专注于英国国内并购业务。

这结果成为最漂亮的一条战略，因为它使劳埃德成为世界上最赚钱的银行之一。战略的成功根本不是他原本能想到的。

在航空领域，为了接替时运不济破产的湖人航空（Laker Airlines），理查德·布兰森（Richard Branson）成立了大西洋圣女（Virgin Atlantic）航空公司。圣女航空也是一家折扣航空公司，仅有很少部分的商务舱供布兰森和他音乐界的朋友乘坐。这也没成为一种可持续性的经济模式，人们对这种绝妙（但很少量）的头等舱体验口口相传，很快布兰森就不得不扩张了。结果这成为公司业务利润的主要来源，也使他能在湖人航空倒闭的任何时候接着取得成功——因为布兰森不仅专做打折机票，他还提供优质的航空体验。

当然，运气不是随随便便到来的。你得抓得住时机。运气只垂青那些寻找它的人。公平的是，即使那些最成功、最富有创造性的企业有时也很难一直走运。很少有企业或彩民能多次中头彩。谷歌凭借付费搜索博得了头彩；自此之后，他们重金投入到谷歌地图（Google Map）、街区察看（Street View）、谷歌地球（Google Earth）、谷歌文件（Google Docs）等业务中。这些业务可以优化谷歌的核心产品组合，但它们没有带来与付费搜索业务相匹敌的收入，这一点更值得注意。其他首创告捷的行业诸如Ebay（易趣）、亚马逊、戴尔、Skype都很难再次取得突破。如果说有什么创新成功法则的话，那似乎是：每家公司顶多只有一次机会。

怎样制定战略？

上面讲的战略故事没有哪个是正好符合某条法则的。这就是制定战略的问题所在：你不可能拿着一本战略手册，从第1页开始翻，看到第276页时，终于制定出一条精彩绝伦的战略。这个问题对于管理者来说，是个好事。因为管理者不是别人法则的奴隶，他们有创造自己未来的自由和责任。

战略是思想的战斗场，好思想不是从简化的法则中自动生成的，而是来自我们看世界的不同角度和对正统学说的挑战。许多绝佳的思想不是来自管理本身，而是来自客户、供应商和员工。这意味着管理者的角色正在改变，老板不一定是企业的大脑，他们的工作不是思考公司的所有事情。因为在知识经济中，谁也无法独占知识和智慧。战略家的任务就是充分运用客户、供应商和员工的智慧、知识和经验，最终得出解决方案。

战略制定是个复杂的过程，基本包含以下四个方面：

多角度

这是商学院分析案例和战略顾问询问案例的常用方法。拿到一个问题后，要从各个角度研究。只有问对了问题才能得到正确的答案。问对了问题包括以下这些方面：

- 经济角度：我们如何在这个市场上赚钱？我们能从哪个市场获得最大利润？这个市场的经济学分析和规模效应是什么？
- 竞争角度：我们的竞争对手如何赚钱？他们最长于哪个市场部分？他们忽视了哪个市场部分？
- 客户角度：客户真正需要的是什么？我们的价值定位是什么？我们竞争对手的价值定位是什么？客户最看重哪部分价值？获得、服务以及维持不同类型的客户群体的成本是多少？

- 渠道角度：我们的产品如何进入市场？竞争是怎样产生的？我们使用哪些渠道？有其他渠道可选吗？它们的经济学分析是什么？
- 资源角度：我们可以充分利用哪些自有的技术、能力和权力？或通过与供应商合作、并购或者联合，我们可利用的技术、能力和权力有哪些？我们怎样能最佳集中利用有限资源，或在哪里可以获得更多资源？

当你问这些问题的时候，务必要耐心。经验显示，很可能 20 个问题中的前 19 个问题都不了了之，功夫白费。但第 20 个问题很可能就使你茅塞顿开，大受启发。大多数伟大的战略都是建立在简单的领悟之上的，因此寻找简单的领悟其实非常不易。

多思考

思考是各种战略法则发挥作用的时候。价值曲线、战略意图、波士顿矩阵、波特五力分析、战略强弱势机遇（SWOT）分析等，都会给你带来不同的领悟，让你知道哪些可行、哪些需要下更大力气来做。这些法则可以激发你的思考，却不能用来替代思考。

不断重复

真知灼见非一人所专有。然而实际情况是，在整个战略的版图上，每人持有一小块儿战略拼图，你的任务就是把所有人的拼图放在一起，实现版图的整体风貌。这个拼图的过程颇费时间和精力。其中常出现两种误区：其一，许多公司战略讨论的过程不是为了寻找公司未来发展的最佳途径，而是为了达成一种共识，把所有管理者关注的相关风险降到最低。建立共识很少能带来战略突破。拼图的过程不是为了寻找共识，而是为推动公司下一阶段的发展收获真知灼见。聘用专家和运用战略法则是降低风险、达成共识的另一种方式，当然也无所突破。在这些讨论过程中，许多管理者总是试图寻找所有想法的问题，不断提出反对或质疑，以期借此显示自己的聪明才智。不论从人际关系上，还是从情感上来讲，这种质疑都是令人泄气的。这种人总是善于枪毙好主意、阻碍前进的步伐。反过来说，他们也可以对萌芽状态的想法起到测试、推动和催生作用。

思想的快速检验

有些想法可以通过市场调研来检验，尽管这是个巨大的熊阱（bear trap，见营销章节）。熊阱的意思是，消费者讲的话是他们自认为该讲的，这样，他们的评论就为自己的所知所限制。他们不会为你想象你的未来如何。而创新性的市场调研就能够很好地避开这些熊阱。当然，最好的调研还是实际的市场经历。

小　结

伟大的战略往往简单，但实现这种简单却不容易。过去的简单法则既有缺陷，也很危险。当管理者运用正统战略学说时，行业兴盛则企业兴盛，行业不济则企业不济。很少有企业能一直反其道而行。要成为领军人物，企业则不能再遵从正统战略学说了，他们得在某些方面有所不同。

新企业和成熟企业的战略有很大不同。新企业要打不对等之战：比起强大许多的在位企业，新企业根本无法在同一个层面上与之竞争。突破是靠发现取得的，而不是靠设计出来的，是从观察和解决问题、玩味产品、倾听客户中来。新企业的成功是建立在企业创始人的运气和勇气之上。而成熟企业则更加规避风险，他们不需要突破型战略，而是需要集中力量保护好其现有资源，然后逐渐成长。他们走一步看一步，威胁和机遇有则应对，无则安好。

突破战略抑或是渐进战略，不取决于顾问或权威的简单法则或正式讨论。它也不是企业智囊团通过做几个幻灯片演示就能设计出的企业未来。管理者的角色不再是企业大脑，他们需要解放和运用客户、供应商以及员工的才智，发现战略并实施战略。中规中矩的旧世界充斥着令人厌倦的战略法则，相比之下，这个新世界更加精彩和惊险。

第二章

营销:从销售效益到销售梦想

很久以前,国王将其头像铸在钱币上,陶匠在陶器上标上标签。从那时起,人们就开始懂得品牌和促销的价值了。

在工业化早期,生产者意识到品牌能够给消费者带来产品质量的保证。19 世纪 50 年代,威廉·普罗克特(William Procter)和詹姆斯·甘布尔(James Gamble)将月亮和星星的图像标于他们航运的蜡烛和肥皂上。这个商标能帮助码头工人识别他们的产品。同时,也能为消费者提供了一种质量保证,说明这些肥皂和蜡烛质量可靠。早在那个时期,好的营销不是极力吹捧或花哨广告的代名词,而是产品质量的标志。营销如同胶水,将产品和消费者粘连起来。它包含产品设计、诱人的价值定位、产品质量、物流、实用性以及促销、定价和广告宣传等活动。

营销自那时起发展演变。随着无线电与电视的兴起,现代营销诞生了。早期的无线电戏剧被称为肥皂剧,因为它们是由宝洁公司和联合利华等肥皂制造商赞助的。无线电和电视为这些公司提供了一个理想的平台,使他们以一种经济、高效的方式与大众市场沟通。由于广告宣传需要资金投入,这些公司就指派一部分人专门研究如何使这部分投资发挥最大价值,确定哪些品牌在广告中获益最大、哪些信息宣传效果最佳、哪些听众收听哪些节目等等。这样,现代营销的原则就形成了。

在早期,营销被称为四个 P,或者三个 C:四个 P 指产品、价格、促销、销渠;三个 C 指消费者、竞争和渠道。这些元素强调了营销中最重要的活动。行外人士会发现,这四个 P 中没有提到利润,而三个 C 中没有提及成本。当时,营销被看做一种高投入低回报的活动。

如今,营销不得不进行自我再造。营销中以往的确定性正在消失,新的世界正在形成。当今的世界中,营销来到了舞台中央,从企业的边缘部门转变为骨干业务部门。在以生产者为主导的世界中,营销不过是一个可有可无的补充部门,独立于企业价值链之外,负责促销企业产品。权力从生产者向消费者转移,意味着营销不能再是补充部门,而要成为工厂进行战略考虑和经营运作的核心部门。营销的重要性日益凸显,其本身变得越发复杂。媒体、营销渠道和消费者分散复杂,这也给维护品牌形象带来了困难。同时,消费者掌握的信息逐渐丰富,要求越来越高,而且选择也越来越多。这不仅是对营销的挑战,更是对整个工厂的挑战。

营销的再造至少包括以下四个部分,这四部分彼此相互关联:

传统营销	再造后营销
销售效益	销售梦想
研究观点	研究行为和态度
生产者推动	和消费者共同创造
大众媒体	碎片化媒体

从销售效益到销售梦想

回顾旧时广告如同进入一个时光隧道。在广告诞生初期,电视广告播放得极其缓慢。当时,60 秒是广告的标准时间,90 秒的广告非常普遍。如今,30 秒是正常时长。如果两位主妇持续 90 秒地大谈汰渍(Tide)产品洗衣的神奇效果,这种广告就显得冗长啰唆、没完没了。以往的广告都是注重产品带来的效益。例如在英国,针对不同的市场细分,不同的洗涤剂能带来不同的效益。

- 碧浪(Ariel)利用生物配方,适用于消除顽固污渍。
- 达诗(Daz)利用其特殊蓝色颗粒,适用于洗涤衬衫等衣物。
- 卓夫特(Dreft)凭借其非生物基础配方,适用于精致面料。

这种广告方式很简单,而且没有任何创造性,因而为广告业人士所痛恨。但是,它的一个特质可以弥补这方面,那就是它很有效。现在,仍有些产品营销以销售效益为基础。如果要买一种止痛药,你就想知道哪种药能最快速地止痛,而且副作用最小。然而渐渐地,销售效益的买卖越来越难。在拥有近50 000种商品的超市中,没人有时间去逐一衡量各种产品的性能。生产者必须提供一种捷径,为消费者简化对每种产品进行理性评估的冗长过程。

即使在购买昂贵商品时，面临不同的选择，消费者也很难评估。消费者甚至会觉得，理性地比较各种电脑是很困难的事情。他们不仅需要比较产品的特性，如处理器、内存、速度、软件、显卡和显示屏，这些选择已经让人头晕目眩，他们还要比较价格和付费、送货、保质期和保险。在如此多选择的前提下，作出一个全面合理的选择几乎不可能。通常，消费者更喜欢较少的选择，因为这样的话，比较的过程相对容易，并且后悔的可能性会较低。如果有过多选择的话，消费者总会害怕错过了最佳选择。现实生活中，消费者购买的不仅是一件产品，还是一段经历。在购买电脑的例子中，消费者都想买一段经历，这段经历能显示他们是明智的购物者，买到了物有所值的产品。在和家人朋友聊天时，他们不想听到别人说在其他什么地方买东西会更优惠，这会令他们感到尴尬。明智的电脑营销应当着重于说服消费者，让他们相信该电脑完全符合其需求，而且还在这次交易中享受到了特别优惠。

如果连购买电脑都称不上是一个完全理性的过程，那购买其他产品就更算不上了。人们购买商品的同时也在购买经历。一个强大的品牌给消费者提供的是好的购买经历。成功的营销者懂得该为其产品的消费者营造什么样的经历。很多情况下，经历的内容与消费者之间的关联程度不亚于与产品的关联程度。这就比传统营销更进了一步。营销，不是对产品本身的特性进行赞扬，而是销售梦想，这个梦想能强化消费者实际的或期望的个人形象。因此产品不过是消费者身份的一部分。在美容产品和香水的营销中这一点非常明显，梦想才是销售的主要内容。

在汽车行业中，销售梦想的营销策略最为明显。显然，面对不同的车进行选择有很多理性方式可循:经济性、安全、型号、价格、排量、贬值率及特征。车主会兴致高昂地谈论这些特征,但这只是为情绪化的决定蒙了一层理智的面纱。汽车不仅是代步工具,更是身份的象征。薪水和死亡及性一样是少数几个讨论禁忌之一,其讨论范围仅限于在朋友和家人之间。你不能炫耀薪水,但你可以炫耀车。经济学家称其为社会产品,因为它可以体现人的社会地位和身份。如果你是一位营销人士,你可以很好地利用这一点。举例而言,我们要卖一辆大型越野车,主要消费群体是城市居民。这辆车需要具备某些有益于驾驶者的功能,但同时,还要有一部分内容体现一个更广阔的梦想的组成部分,如下图。

特征	效益	梦想
四轮驱动	可在非公共路面行驶	冒险家
六升引擎	动力强劲	硬汉
驾驶位置高	视野开阔	高人一等
型号大	安全、容量大	负责任的父母

对不同的车,你可以自己想出一系列的特征、效益和梦想。不管把车卖给谁,一辆车的特征是不变的,但对不同类型的买主而言,梦想是不同的。一位母亲可能比较在意负责任的母亲这一梦想,一位父亲可能想在休闲时光做个冒险家。没有一个广告人会跳出来告诉这位母亲:“这款车是为想当硬汉的男人设计的,它将给你冒险家、并高人一等的感觉,而且还能让你穿上负责任父母的外衣”。他们不必说这些,他们会找到一个有创意的方式,正面地向目标客户传递同样

的信息。

基于产品特征和基于梦想这两种营销方式大不相同。还有一些汽车发烧友卖家会对自己汽车的各种详细特征大加赞誉，包括制动力、扭矩、引擎型号等。他们可能会这样说："这辆车吸气自然，引擎是6升，12气缸，手工制作，转速6500rpm，扭矩570Nm(420lb ft)，它的功率可达510bhp(380kW/517PS)。"内行的买家听到后，可能会兴奋异常，但是，外行听起来就目瞪口呆、不知所云了。一般的非专业买家需要知道的是："这车可以开得非常非常非常快，而且极酷……"。

要了解人们的希望和梦想，需要以一种不同的思维进行市场调研，这部分内容在下节会着重介绍。

从研究观点到研究行为

消费者不一定总是对的。通常，在面对选择之前，消费者并不知道他们需要什么。在因特网、iPod或者印度艾邬薇达热油按摩(Ayurvedic)问世之前，没人想要这些东西。即使他们想要某些东西，在解释为什么想要时，他们也可能会说谎。消费者的谎言并不是出于恶意，而是出于礼貌或是因为困惑。他们会告诉你他们认为你想听到的话，这就使研究消费者意见的准确性大打折扣。

可口可乐曾被百事可乐在市场上压制很多年。研究显示，在盲测时向人们提供这两种可乐，大多数人会更喜欢百事可乐的口味。百事可乐便在广告中无休止地宣传这个结论。可口可乐自行进行研究，最终发现了比百事可乐更胜一筹的配方。1985年，可口可乐推出了新的可乐饮料Coke，以期以更甜的口味战胜百事。但是，Coke

这个“百事杀手”的战果令人大失所望:它销量不佳,市场接受程度差,几乎将自己置之死地。77天后,可口可乐不得不重新推出原配方可乐,称其为“经典可乐”。直到年底,经典可乐的市场占有率才企稳回升,因为人们重新发现了可口可乐才是他们喜爱的品牌。

可口可乐研究的内容错了。他们选择了不如对手受欢迎的产品为研究对象。他们应当研究品牌以及它对消费者的意义。它的品牌——可口可乐,不仅是一种含焦糖和咖啡因的甜味碳酸饮料,在过去100年中,它还围绕真实可信(“确为其物”)、美国文化——尤其是美国南部文化,建立起了一整套价值观。而丢弃其原有产品就是对其消费者价值观的打击。

从可口可乐的灾难中,我们可以吸取的教训是:人们买的不只是产品或效益(口味),而是一系列的价值、梦想和身份。昂贵的商品(家庭汽车)如此,小件物品(软饮料)亦如此。我们通过购买的商品来展现我们是谁。说起购买身份,叛逆期的年轻人是最强有力的消费主义者,从衣服到音乐,他们都试图发现并彰显出自己的身份。鉴于价值和身份的重要性,调研应当从消费者入手,而不是从产品入手。

产品对消费者产生怎样的心理影响是非常难捕捉的,但又非常有启发意义。通常,很细小的信号也会给我们以巨大启发。在英格兰,目前洗涤剂中的领军品牌之一是“仙女洗涤剂”。凭借这样一个名字,这种洗涤剂在旧金山也拥有数量较少、但又非常狂热的追随者。只要假以时日,任何一个品牌都能建立起自己的价值和身份。到工薪阶层的房子周围转一转,很快就会发现,很多人家都有一瓶仙女洗涤剂摆在厨房窗户旁。把洗涤剂放在厨房窗户旁是个很奇怪的习惯，除非这个洗涤剂品牌具有很多家庭认可的价值，比如质量、抱负、关爱和尊严。如果你拥有这些价值，你就会炫耀它们。多花几分钱买来仙女洗涤剂，便可向世人展示你的家庭价值。

了解消费者的价值、身份、梦想和抱负，并不像在盲测中问他们更喜欢可口可乐还是百事可乐那么简单。现在，调研代理在这方面变得越发有创意。结果就是，有些时候会用一些华丽的词语堆砌出一通傻话。他们可能会这样问："如果你的品牌是一个车、动物，或一块手表、一场电影，那么它会是什么样的车、动物、手表、电影呢？"但是，这些废话偶然也能令你灵光一闪，突然发现你的产品抓住消费者心理的地方，避免走可口可乐那样的弯路。

好的营销者需要明白，人们为什么会买他的产品或是对手的产品。他们同样还要了解，消费者怎样购买和使用这些商品。再重复一遍，消费者很有可能会出于礼貌或是迷惑而说谎。问他们怎样购买和使用一种产品，会使你得到不可靠的观点。你听到的是他们自认为应该对你说的观点。因此不要问他们的观点，要研究他们的行为。

在超市会有很多机会研究消费者行为：他们可以通过安全摄像收集证据，也可以查询收款机记录，查看什么样的消费者在什么情况下（时间、店面布置、音乐、室温等）买了什么商品。查看的结果就会得到一种让消费者快速掏空钱包的最优设计：商店入口和最里面应当放些基本产品，商店前部的基本产品可以是水果和蔬菜，这样能让人们放慢脚步，开始购买。商店最里面可以是糕点房，但在商店里烤面包不是最划算的方式，烘烤还是由糕点师在远距离进行更为合适。但是，烘烤的香味会吸引着消费者穿过整个商店走过来。过道末端专供特惠产品,给人留下商店价廉物美的印象。在收款处等待时,消费者可能会对一些高利润—低成本的商品眼馋。如果你问消费者他们希望商店怎样布置,你会得到大为不同的答案:

- 所有基本产品都应当摆在入口处。这样,只需购买这些产品的消费者就能快捷地购得所需。
- 特价商品应摆在基本产品旁边,可以快速、简单地省钱。
- 水果和蔬菜应摆放在收款处,这样它们就不会被其他产品压坏。
- 在收款处不要有糖果诱惑,谢谢。

研究行为和研究观点能够得到大相径庭的结论。

过度尊重消费者的意见会有被误导的危险,这一点在某电器零售店的例子中可见一斑。该电器零售店出售的电子产品从摄像机、电脑到音响系统一应俱全。当问消费者他们为什么购买某种产品时,他们给出了预料之中的答案:因为这些产品的性价比最高。听到这个结果后,零售商决定实施价格主导型策略。这结果引发了无利可得的价格战。所以,他们改变了问法,如果消费者购买了产品,他们就问消费者的购买过程是怎样的。消费者往往在离开商店时接受采访,当被问到已经逛过多少商店或网站、比较了多少产品、花了多少钱等问题时,他们根本就没有时间去思考答案。零售商发现,典型的购买过程会令消费者感觉非常泄气。他们会被产品、服务、保单、付款、送货以及其他可选服务等诸多问题搞得头晕脑涨,因为选择实在太多了。逛完三到四家店以后,他们会完全晕掉。而他们真正想要的,是询问一个可以信任的人,为他们提供一个简单的选择和优惠的价格。优惠的价格是指，他们可以拿来向家人朋友吹嘘说他们通过砍价协商，获得了免费送货、保单升级或者特殊服务等。实际上，价值根本就没有得到客观的衡量，它只是一个心理需求，让你在家人朋友中不显得愚蠢。这是一段显示他们聪明才智的经历。有了这种洞察，零售商调整了策略：橱窗里仍然是大幅红色海报，显示着几样特惠商品，但整体上并不力求每件商品都是最低价格。除此以外，零售商注重商店购物体验以及店员的销售技巧，从而给消费者提供他们所寻求的心理安慰。

再重复一遍，研究观点和研究行为会导向完全相反的两个方向：观点导向了零利润的价格战争，而行为则导向了服务引领型的赢利战略，这种战略为消费者的购物过程提供了心理安慰。

市场调研已经从以生产者为中心转变为以消费者为中心。这种跳跃的巨大变化仍使很多生产者感觉不自在。作为生产者，我们了解并热爱我们的产品和服务（但愿如此），我们想谈论我们的产品和服务有多么优秀。但如果想要成功，就不能以今天我们所有的、所做的为出发点，而要从消费者出发，了解和想象他们想要或需要什么。我们需要用消费者的眼光看世界，而不是用我们自己的有色眼光。这就是我们观念上的 180 度大转弯。

从生产者推动到与消费者共同创造

从生产者中心观到消费者中心观的转变缓慢但平稳。工业革命早期，基本的商业模型是“先生产、后出售”。首先你制造出产品，然后希望卖掉它。在选择有限的世界中，生产者运用“先生产、后出售”的模型可以成功。前苏联的购物排队长龙以及前苏联航空公司的空中服务都是这种模型的极端例子。从本质上说,就是生产者高高在上,拥有所有权力,而消费者需要一种特权才被允许购买东西。一场“丝绒革命”席卷了东欧,颠覆了生产者的权力。在西方,这场革命的进程相对缓慢、安静,但也相当全面。

消费者不再是价值链末端的附加物,而成了价值链的一部分。交易不再是消费者和厂家之间的一次性交流,而成了消费者、厂家和其他消费者之间的连续反馈。权力既不再只掌握在生产者手中,也不掌握在某一类消费者手中,而是从一个机构转移到一个网络。在这种变化下,我们需要以一种不同的思维方式来看待厂家和市场的互动方式,以及它们如何创造和提供价值。

消费者融入到厂家价值链中绝不同于服务行业的早期发展阶段。作为消费者,我们在一个度假胜地的经历,不仅取决于酒店、沙滩、食物和各种设施的质量,也取决于同行的旅游者。如果你跟一个令人极不愉快的家庭共度假期,即使住最好的酒店,也很难有愉快的经历。人们在很久以前就意识到这一点了。泰坦尼克号和其他横渡大西洋的班轮实施了严格的阶层政策,将乘客分成一等、二等、三等舱。这一政策在很多跨大西洋的航班中仍有施行。航班尽量将商务舱和经济舱分开,因为商务人员不想被旅行家庭里尖叫的孩子打扰。即使有足够的空位供乘客升舱时,航空公司也十分慎重,要根据升舱乘客的身份才能定夺。

零售服务部门希望有正确的消费群体光顾。夜总会天鹅绒绳后面站着的门卫保安,不仅是监督来宾着装规范,还帮夜总会获得正确的消费群体。如果夜总会对女士提供半价饮品,那么目的在于控制恰当的男女比例。夜总会不仅仅是你跟着喧闹的音乐挥舞手臂跳舞的地方，也是人们社交的场所，在这里你可以结识正确的人群，而且也会成为正确的人群交往的对象。和有着装要求的高级餐厅一样，夜总会也很挑剔。伦敦的里兹大酒店(Ritz)严格要求男士穿外套、系领带，即使顾客仅仅来喝茶也须如此。如果酒店要看起来堂皇高档，那么其客户就得看起来体面尊贵。

在互联网上，消费者开始明显成为产品供给的组成部分，他们的参与可以提高商品的价值定位，而生产者单凭一己之力无法企及。这些例证非常著名：

- 亚马逊：读者评论比出版商评论的可信度更高。
- 易趣网：卖家的质量一部分由易趣做担保，一部分取决于买家对卖家的评级。
- 维基百科(Wikipedia)是用户产出产品，它提供平台，用户提供内容，在很大程度上也提供其价值。
- 飞书网、微博推特网(Twitter)及所有的社交媒体，都依靠用户为企业提供的内容，这些媒体跟维基百科一样仅提供了互动平台。

传统零售商也发现，应当更多地让消费者参与价值链。乐高积木(Lego)并不生产灰泥，但它生产大量塑料“砖块”。它曾按传统的“先生产、后出售”的模式运营，直到后来发现了消费者的才能和热情。他们让最厉害的玩家担任品牌大使，不仅为品牌宣传，而且还帮助带领创新和产品开发。乐高的网站现在可以让使用者自己设计产品而后购买。乐高彻底颠覆了“先生产、后出售”的模式。现在，它出售的产品是消费者自己设计的，然后完全按照消费者的意愿进行包装和送货。生产者推动已经转变为消费者拉动。工业产品中,通用聚合(GE polymers)为大量小生产厂商提供了不同用途、不同聚合等级的聚合产品。不可避免地,这种模式中小生产厂商会遇到很多无法解决的技术和生产难题,而通用公司若提供这些技术支持则成本高昂。于是,通用公司便建立了一个论坛,即通用聚合论坛(GE Polmerland)。在论坛中,使用者可以分享通用聚合产品的使用经验和知识。网络能够解决很多问题,在消费者的体验得以提升的同时,通用公司也了解到消费者的工作方式及需求等宝贵信息。

简言之,以前厂商控制整个价值链,而现在消费者已经占据了价值链的一部分。厂商让消费者自助,也可以说成"让消费者做主",这种方式通常将成本从生产者身上转移到消费者身上。自助首先现身于超市中,随后出现在汽油加油站和网络;现在,甚至连宜家都改变了家具价值链,鼓励消费者自己组装家具。这些做法都很有效。但是,与仅把价值链的一部分外包给消费者相比,让消费者参与整条价值链的价值创造会带来更丰富的可能性,而这种可能性目前尚未充分捕捉到。

消费者可以更早地参与到价值链的环节中来,他们甚至可以帮助设计、开发和测试新产品。谷歌发行了时光隧道(Timeline)和重复图片清理工具(Similar Images)的早期版本,就是为了能够获得用户回馈,对两款产品按用户的想法而不是按谷歌工程师的想象进行修改。大部分软件公司的基本做法,都是先推出软件的测试版本,让用户帮他们发现问题、发掘机遇。

密歇根商学院(Michigan Business School)的文卡特·拉马斯瓦米(Venkat Ramaswamy)将新世界的特点总结为"体验共同创

造”。跟许多其他新观点一样，这个观点也被咨询专家们一时捧为热潮，可能有“被产品化”的风险。新世界的三个主要特征是：

- 消费者成为价值链的一部分；
- 厂家和消费者之间的互动从交易变为对话；
- 厂家提供一个平台，供消费者网络运作。

这些转变的结果便是，营销部门的角色也发生了转变。营销部门曾经是一个处于价值链末端的部门，形单影只，孤立落寞，通常被称为“销售和市场营销”。该部门存在的职责，是不论公司生产什么产品，他们只管卖到市场上去。如今，营销不能再以生产者推动的形式存在了，而应成为整个营销大框架的一部分，这个营销大框架对公司可谓“牵一发而动全身”，事关公司成败存亡。过去，营销部门只关注一个简单的问题——如何最大程度地发挥商标潜能。菲利普·科特勒(Philip Kotler)在《营销新论》(*Marketing Moves*)一书中提出了以下三个主要问题：

- 公司如何在市场重建或更新中发掘新的机遇？
- 公司如何成功有效地创造具有发展潜力的新价值产品？
- 公司如何利用其人力、物力，有效地提供这些价值产品？

针对这三个问题，我们还可以再加上一个问题：

- 公司如何利用消费者网络解决前三个问题？

这四个问题和过去的四个P、三个C相差甚远，后者曾给营销的发展带来误解和伤害。目前为止，多数公司尚在新世界中挣扎，多数营销人员也在挣扎。没有了旧世界的确定性，新世界安乐不再，唯有勇者才能面对。目前,以上四个关键问题并不是公司日常工作的重点,而通常只在顾问的咨询项目中才需解答。这聊胜于无,但是,管理革命刚刚起步,而这一部分只是革命的前奏曲罢了。营销仍然处于重造进程中。

大众媒体转换为碎片化媒体

2008年,美国人和英国人平均每周有28个小时黏在电视前。一生中,他们有9年的时间都在看电视。整个经济合作与发展组织国家中,人们每周花22个小时看电视。过去,几个大型频道电视占据着媒体的主导地位。例如,在1980年美国的晚间新闻,频道电视占了75%的收视率。那一年,《美国新闻与世界报道》杂志(*US News World and Report*)提出一个问题,即:"电视新闻是否变得过于强大了?"同年,美国有线电视新闻网掀起了一场革命,开始对电视市场也进行划分,选择开始多样化。2008年,频道电视的收视率降至28%,很大程度上被有线电视替代。如果说电视业曾经是头猛兽,那现在它变成了一个大兽群,尽管四分五裂,但仍然发挥着重要作用。

电视的统治地位终究受到了威胁。2008年,英国的电视花费仅占所有媒体花费的26%,而网络占据了24.8%的份额。在2009年,互联网所占的份额更是有史以来首次超过电视。另外,还有很多其他媒体(宣传)供人们选择,包括户外宣传(海报和赞助)、报纸杂志、电台、影院等。

互联网的兴起改变了厂商和消费者的交流方式。在频道电视时代,广告采用炮轰方式:它瞄准很大的目标,发射巨大的炮弹,以期能够击中某些目标。这种方式造成了很大浪费。费城百货(Philadelphia)的企业家约翰·沃纳梅克(John Wanamaker)抱怨说:"我花在广告上一半的钱都被浪费了。麻烦的是,我不知道是哪一半。"他可能还是太过乐观了。创办奥美公司(Ogilvy)的广告业奇才戴维·奥美(David Ogilvy)说:"99%的广告根本卖不出任何商品。"在大众媒体时代,广告不过是碰碰运气,效果可能真就是这样。为广告设定目标就是把目标消费者和不同的宣传资料匹配起来。这个过程没有什么知识和技巧含量,结果造成了巨大浪费,而且很大程度上还是单向沟通。而互联网的出现改变了这一切。

互联网使人们能够进行目标性更强的交际,这就是谷歌付费搜索平台的力量。广告客户知道,在搜索平台上,他们的宣传对象只是对产品和服务有兴趣的人群。这样,奥美提到的99%的浪费就大大降低了。互联网和广播媒体不同,它允许双向交际,其革命性不亚于从无线电(只有广播)向电话(双向交流)的转变。这项技术改变了生产者和消费者关系的本质。在电视宣传中,生产者占有主动权和控制权;而互联网上,消费者占有主动权和控制权。双方都能从这一转变中获益:

(a)为消费者定制产品和服务。均码产品不再一劳永逸、满足所有人的需求了。互联网使大众定制成为可能。你可以清楚地说明想让戴尔为你组装什么样的计算机;你也可以向维珍传媒(Virgin)定购有线电视、网络电视、互联网、手机和固定电话的任何服务组合;你也可以在网上旅游景点定制自己的旅游套餐。这给消费者带来实实在在的好处。同样,也为生产者提供了实时的反馈,他们可以了解哪些产品和服务会被购买,哪些不会,从而能以此调整产品和服务。机票订购系统根据需求变化,不断地更改每趟航班的机票价格,在航空公司最大化其利益的同时,消费者也能最大程度地优化其花费。

(b)生产者降低了成本,减少了浪费。一家公司从"先生产、后出售"转向"先出售、后生产"后,所有与新产品预报、缺货、大甩卖等相关的问题都不复存在。消费者也成为品牌的一部分,通过消费者的自助(银行、旅行安排、社交网站),公司的成本会进一步削减。互联网成为一个平台,消费者在这里可以定制自己想要的产品或体验。

(c)消费者的声音变得愈发重要。网络变成了一个扩音器,使人们口口相传更加便利。以往的经验法则显示,一个消费者会将一次糟糕的服务经历传达给 10 个人,而把一次愉快的服务经历传达给 3 个人。访问一下亚马逊就会发现,最好的评论会被推荐数百次,而且会被阅读数千次。网络的出现如同给消费者的口碑注入了激素,使其不断泛滥。无论是书、酒店、餐厅还是当地零售商,在网络中他们都没有任何隐身之地。

消费者不再被动地消费公司生产的产品,而是主动地参与和塑造自己的购买和体验。这种互动改变了衡量媒体有效性的标准。

衡量媒体有效性的最常见的方式有两种:

- 广告总收视率(GRP)用来衡量媒体的覆盖度。200GRP 可能指 70%的人平均每月看到该广告 3 次。这个指标有效地表现出媒体的覆盖率,但不能体现媒体或广告的有效性。

• 次日回忆(DAR)和播出前测试(OAT):这种方法深受广告公司厌恶,却是衡量广告有效性的一种简便方法。它可以测出多少人在看到广告后记住该广告。DAR在广告播出的次日测试观众的回忆,OAT以较低的成本测试某些消费群体对广告的回忆。如果没有人能记起广告,无论它多么有创意,都不会对产品销售有任何帮助。广告只有在被记住后才能发挥效用。

在现今的互动世界中,以上测量方式不会发挥什么效用,因为现在可以使用目标性更强的测量方式。尽管你对自己网站用户的资料了解甚微,但你可以获得关于他们的更有价值的信息,即他们是一个自主选择群体,出于某种原因对你的网站产生了兴趣。从此,我们可以避免电视广告造成的浪费。眼球(访问数量)、点击数和购买率能实时地反馈网站效果,我们可以看出哪些宣传信息有效,哪些无效。简言之,中小型企业(SMEs)可以担任自己的广告代理:他们能清楚地了解到人们看了哪些页面、忽略了哪些页面,还可以根据访问者最希望的样式重新设计网站。他们甚至可以更进一步,为网站建立互动方式(电子邮件列表、博客以及用户论坛),使他们的网站成为访问者的目的地网站。

互联网使公司从浪费的大众媒体宣传转向激光式的目标定位。简单地讲,定位是与情境相关的。如果你在搜索栏输入"苏格兰蝇饵钓鱼",就会搜到很多有关在苏格兰蝇饵钓鱼度假或教程的付费搜索广告。定位精准的好处是,即使当地的小公司也能低成本地在全球消费者中有效定位,如此,只要媒体能够准确定位消费者,利基企业也可以从全球媒体宣传中创造利润。除了情境宣传,行为定位也崭露头角。在线广告 Phorm 等公司通过跟踪网络使用者的在线行为，推断出使用者的兴趣，从而展示相关广告。情境宣传注重页面，而行为宣传注重个人，但其中所涉及的隐私问题是现实存在的。

定位于个人而非大众市场，也影响到了利润管理。定位的重点在于，若你知道获得一个消费者（你能够明确定位他们）所需的花费，而且也知道为消费者服务所需的花费，便能获得个人消费利润率。个人消费利润率不仅具有学术意义，它还使公司改变营销群体，调整定价，改变产品以达到个人消费利润率最大化。例如，第一资本金融公司（Capital One）在 2006 年一年中，单就其发行的信用卡就进行了26 000次之多的市场测试。根据消费者档案及其申请信用卡的方式，他们可以估算出每个消费者的净推介值（NPV），然后相应地微调服务，以使利润率最大化，并提高客户忠实度。客户打来电话时，公司计算机会识别用户，并基于用户最可能的 50 个需求为其导航；这样，电话服务人员便掌握了客户二十余条信息。第一资本金融公司意识到了很重要的一点：信用卡即信息，应当很好地利用该信息，它们拥有的不是大众媒体，而是为大众提供定制服务的机会。

媒体的碎片化意味着，营销改变了以往向大众市场单向广播的形式，开始与实际或潜在客户之间进行定向对话。大部分公司还是更习惯于旧模式，因为在旧模式中他们可以控制信息，依靠固有程式对信息和媒体进行确定和评估。碎片化、定位型的互动世界虽能提供一个更为丰富的营销环境，但却较难控制和管理。在营销再造的过程中，对新世界的规则仍在探索中。

小 结

随着生产者的权力转移到消费者手中，营销的重要性日益增长。以前，营销只是一个独立的部门，通常和销售并于一处，其目的仅在于将厂家生产的产品推向公众，而公众毫无期待、一味接受。现在，营销成为公司成功的核心：它能为消费者创造可行的价值定位，能帮助公司通过正确的渠道定位并获得消费者，并使产品、定价和利润率最优化，这些都很重要。这种策略化营销，不仅是独立的营销部门的职责所在，也是事关整个公司高层的一项重要工作。

如果营销与公司其他部门以不同的形式互动，那它与消费者之间也需要以不同的形式互动。消费者不再是被动、匿名地接收产品和服务，他们逐渐融入到公司的价值链中，按照自己所需帮助公司设计、开发、运送和定制。每个用户都不是大众市场中的一部分，而是可以被识别和区分对待的个体。

营销从以产品为中心转换为以消费者为中心。这个过程不再是以产品为基础，走“先生产，后销售”的路线；而是变成以消费者为基础，生产者了解他们的希望、担心、梦想和行为。随后，基于对消费者的了解，生产者通过运用媒体，定位消费群体及其想要的产品。营销逐渐变得越发高效、集中，并与消费者的需求和整家公司的活动更高程度地融合起来。

第三章

权力:转向一个无序的新世界

所有革命都跟权力有关,管理革命也不例外。

旧秩序很简单。老板发号施令,工人埋头苦干。老板有头脑,工人有体力。工人们不能运用他们的头脑(思考),而老板无需动手作业。比管理者更高层次的是资本所有者,即资本家。他们抑或破产,抑或变得非常富有。由于极端富有和极端贫困并存,这种旧秩序极不稳定。财富与权力紧密相连,结果资本所有者拥有权力和金钱,而工人一无所有。许多城市都是围绕企业发展起来的,因此那里没有什么其他就业机会,也几乎没有其他维护社会安全的网络。资本所有者强制性的权力以及通过这种权力所产生的领导力量是极其巨大的。

商业中权力的本质发生了根本性变化。在过去的 100 年中共发生了四次主要的权力更迭,而且我们相信这些变革不会暂停或者逆转。

1. 权力从资本所有者转移到了资本管理者身上，即从股东那里转移到管理者身上。工人反叛业主的情况不再发生，取而代之的是资本所有者“反叛”管理层——如果资本所有者试图反对管理人员，那他们就是反叛管理层。
2. 权力从生产者身上转移到了消费者身上。
3. 权力从西方转移到世界其他地方。
4. 权力收益变得极不平衡：一种等级制度正在形成，在这种等级制度下，成功者与失败者的分割线不是技能，而是所有权。

在组织内部，权力的性质也发生了彻底的变化：责任与权力不再密不可分。权力不再靠别人授予，而要靠争取才能得到。这从根本上重塑了管理者的工作，并改变了成功所需的技能。理解权力、获取权力以及运用权力，不仅是职业发展必不可少的能力，也是成事的关键。机构内部权力性质的改变在书中会有更进一步的论述。

我们会进一步探究上述四个变革，并且指出它们对执业管理者的意义。

权力从资本所有者转移到了资本管理者身上

股东对管理者丧失了控制力。信用危机便是权力从股东转移到管理者身上最突出的例子，但这也仅是众多此类例子中的一个。亚当·斯密预测了这种权力的转移，它把我们带入了一个未知的领域。

金融机构破产而其高管仍能分得巨额红利，这引起了轩然大波。政治家称之为“破产奖金”或者是“利润私有化，损失社会化”。尽管对美国国际集团(AIG)的紧急救助要花掉纳税人850亿到1850亿美元，但美国保险集团却还拿出16 500万美元来分红。而与美林比起来,这就小巫见大巫了。虽然美林面临着不被接管就会破产的危机,它却在被美国银行(Bank of America)接管的几天前,刚刚强行通过了 36 亿美元的分红方案。在英国,苏格兰皇家银行(Royal Bank of Scotland)首席执行官在离开公司那天获得了2 500万美元退休金,这可能是对他毁掉银行的奖励。

实质上,银行家是一个寡头集团。他们极力主张并推行这样一种观念:银行太大了以致不能破产。尤其是雷曼兄弟的破产又给了他们巨大的动力。"如果雷曼的倒闭会使整个系统濒临坍塌,那显然我们不能再让任何一家银行破产了。"一旦这个信念被接受,寡头银行家们就获得了力量:要拯救这个体系,就必须挽救银行;要挽救银行,就必须要留住人才;要留住人才,就意味着必须付给他们奖金。银行家们不断涌入政府,争当金融系统改革的践行者,而他们也是最终导致系统崩溃的罪魁祸首。

这是个有瑕疵的逻辑。在执行优化资本配置这个根本任务中,银行家屡次失败。在储蓄贷款危机、政府债务危机、长期资本管理、网络公司破产以及信用危机的一次次惨败中,他们跌跌撞撞,踉跄前行。人才或许是问题所在,但不是解决办法。然后就出现了这样的假设:说如果他们得不到分红,就会去其他地方挣更多的钱,要么去佛蒙特州(Vermont)开素食农场。说这个逻辑有缺陷并不是指分红不合逻辑或缺乏情理,而是因为它代表了权力。领袖获得企业家收益不是因为他们表现突出,而是因为他们的官僚作风。经济景气时他们表现优秀,经济萧条时他们不尽如人意。鲜有管理者能在惨淡的经济形势中迎风而上、真正作出改变。在这种情况下,奖金与成功或失败无关,只是对权力的回报。

银行家取得的高额奖金是建立在纳税人和股东的巨大代价之上的。监管部门无法控制他们。而更糟糕的是，连股东也无法控制他们。股东呈高度分裂化和分散状态，因而很难协调、控制或强行作出改变。企业董事旨在代表股东利益，但他们也失败了。实际上，非执行董事就是自我任命、自行续期以及为自己利益服务的寡头集团。许多非执行董事任职于多个董事会，他们彼此相互联系，形成寡头网络为自己谋利益，拥有自己的价值观和信仰。基金管理让迈纳斯勋爵(Lord Myners)赚了大钱，因而他不认为用区区2 500万美元把苏格兰皇家银行首席执行官打发走有什么问题。如果你有1亿美元，用2 500万结清工资似乎也合情合理。寡头银行家其实是个特殊群体，两头挨不着：称其为精英会令他们高兴不已，但把他们描述为寡头还是会让他们恼羞成怒。精英与寡头之间的细微区别就在于：你认为他们是为了自身的利益还是为了大众的利益。

股东丧失了权力。通常他们都会同意委派管理者，但在极少数情况下，他们也会拒绝，这被称做股东的“反抗”。2004年，在迪斯尼领导权这个问题上，迈克尔·艾斯纳(Michael Eisner)就经历了一次“股东的反抗”。用媒体的话来讲，这次“反抗”也体现在“反叛”的股东作出的尖锐评论。这真是意义重大的言辞。工人曾经反抗过管理者，雇员也可以反抗雇主。但要说资本所有者与管理者分庭抗礼，这表明权力已经发生了根本性转移。卡尔·马克思曾预言将上演一场工人反抗资本家的革命，而资本家反抗工人的可能性，好比骑自行车到月球一样微乎其微。

人们很容易错误地将失败全部归咎于银行家。权力变化在其他方面也很明显。在网络泡沫破裂的时候，企业破产，股东受损，20家破产公司的 26 名高管人员因此获得 26.5 亿美元赔偿。他们因为破产而变富；如果他们成功了，他们会变得更加富有。成功与否，管理者都能稳赚不赔、全身而退，股东们却要百分之百承担风险。先是网络公司的首席执行官，随后是银行的首席执行官，他们都在破产中获得了赔偿。为了避免公司破产，前 10 个获得美国政府问题资产纾解计划基金(TARP funds)救助的公司，总共得到了 2440 亿美元作为对他们的紧急救助资金。2007 年，这 10 家公司的首席执行官给自己发了 2.42 亿美元奖金，作为对他们使公司走向破产的奖赏。

权力的变化不足为奇。自由市场的教父亚当·斯密预见了所有权和管理权分离时代的情景。在《国富论》中，他对股东缺席的公司这样评论：

> 这些企业主管们是他人财富的管理者，却不是自己财富的管理者，所以我们不能期望他们会像私人合伙企业中照管伙伴金钱那样照看你的钱财。在这样一个企业事务管理中，疏忽和挥霍会或多或少盛行的。

亚当·斯密预测，管理者会把维护自己的利益放在首位，而非股东利益。如果亚当·斯密是对的，信用危机的事实根据也是正确的，那么下面这些情况很难处理。

首先，调控总比灾难慢一拍。对银行业的深层次问题，调控总是忙于应付其表面症状，却始终治标不治本。这种症状一般包括资本金比例不足、贷款业务开展欠缺、对风险和复杂金融工具的理解不充分等，而问题的根源却是更深层次的：权力转移到管理者一方，而他们完全以个人利益为目的来运作银行。这就意味着管理者把己方的利润最大化、风险最小化。在统一管理者和股东利益方面,甚至连认股期权的作用也是有限的,原因有三:

1. 期权总是可以重新估价,这使之成为单向赌注。
2. 对管理者原本已经非常丰厚的薪酬计划来说,期权只是附加物:如果出了问题,股东会产生实在的损失,而管理者的实际财富不会减少,顶多只是丧失了一个机会。
3. 提高股价的最快方法就是削减成本和收购,这将带来进一步的削减成本和金融操控。管理者不会自己斩断了发展之路,但大部分兼并对收购方的股东来说都没有什么价值。管理者的短期利益与股东的长远利益是不一致的。

其次,应该有更多的所有者自营企业。分析这一点原因错综复杂。专业服务公司属于所有者自营企业,比如作为私人合伙公司的法律事务所和咨询公司,有着惊人的发展速度和利润率。但他们也会像其他公司一样破产:比方说,随着在安然(Enron)丑闻中的角色愈发清晰,安达信(Arthur Anderson)终于在一个月内崩溃了。高盛在信用危机中也未能幸免于难,相比许多公开报价的同行,它虽然经受的损失更少——关于这点尚有争议,但它也不得不把自己转变为商业银行。一些公司由于太过庞大,以致无法成为私人合伙公司——要使埃克森(Exxon)和其他一些石油公司以及电信公司成为所有者自营企业,其所需资本连世界首富都无力支付。

最后,一些银行不是由于太过庞大而无法破产,而是因为它们太过庞大才无法持续发展。为了追求短期利润最大化,管理者在运作中过度冒险也在所不惜。如果成功经营几年,他们会大发其财。当最终因风险过大或经济变差而破产时,即便银行破产、所有者分文不剩,管理者依然拥有财富。对于可持续性和风险,管理者和所有者的看法是不同的。当信用危机成为人们的回忆时,银行业就会向下一个危机迈进。

权力从生产者转移到了消费者一方

亨利·福特凭借T型福特车在汽车制造业掀起了革命。他的目标是"制造一款适合大众的汽车"。他生产了1 500多万辆T型汽车,取得了巨大成功。他的成功一部分体现在价格的降低上,包括改进生产(福特引进了流动生产线)和价值链(整合各个环节,乃至拥有森林专为生产汽车供应木材)——当然这也意味着选择受限。亨利·福特说过:"任何消费者都可以把他的车漆成想要的颜色,他们只要保持它原来的黑色就行,"他因此而备受推崇。通用汽车公司给顾客提供更多选择,以此打破了福特一统天下的局面。通用汽车公司不仅提供五颜六色的汽车,还提供了不同品牌的汽车:雪弗莱、庞迪克(Pontiac)、奥兹莫比尔、别克以及卡迪拉克。艾尔弗雷德·斯隆说过:"为每个钱包和各种用途都造一辆车。"这是个革命性的转变。福特凭借以制造商为主导的模式取得了成功:它优化生产效率;而通用汽车公司则以消费者为主导的模式取得了成功:它给每个消费者一个选择。

"选择"在持续不断地激增。根据食品营销协会(Food Marketing Institute)(2004)估计,从1970年到1999年,美国超市平均产品库存从7 800个系列增长到49 225个系列，翻了6番。在这样一个选择丰富的世界，“制造商中心型”企业败给了“消费者中心型”企业。在这个新世界里，如果说现金是首领，那么消费者就是帝王。权力和利润不是来自于生产资源，而是源于客户关系。因而，零售商的地位比供应商更为有利，而汽车制造商的地位比其供应商更为有利。价值链的消费者一端才是真正的权力所在，这可以从价值链上每个阶段的成功加价体现出来。

想要发现客户关系的力量，就请到当地的星巴克转一转，然后点一杯咖啡，计算出这杯咖啡背后的价值链。每磅咖啡的批发价约为130美分，这能冲出30至40杯咖啡(跟咖啡口味的浓淡和分量有关)。也就是说，实际冲出来的咖啡大约每杯4美分，而生产咖啡豆的农民得到的可比这批发价少很多。但是，在星巴克每杯咖啡可能要花费2到3美元。显然，星巴克在此过程中附加了很多价值和成本，他们加入了足够的价值使4美分的咖啡豆变成了2到3美元的收入。

在电脑价值链方面，迈克尔·戴尔(Michael Dell)也有同样的发现——价值在靠近消费者这一端。在青少年时期，他拆过各种电脑，其中包括一台3 000美元的IBM个人计算机。他发现，零件的成本不过500美元。这500美元涵盖了处理器、存储芯片以及主插件板的高度精密的设计、工艺和制造。但是电脑的价值并不在于工艺，而是在于价值链的最后一个环节：按顾客要求组装并直接运送给他们。刨除零售商费用后的价格依然不低，但这就是产品80%的价值所在。

在服装业中，零售商一般从每100美元中获取30到50美元的利润。原料大概10美元，亚洲的制衣工人可能会拿到2到6美元，其余的部分都用于支付税收、运输、保险、企业管理费用和制衣商利润。不管在哪个行业中，产品的大部分价值和费用都被拥有客户群的企业所占据。把制衣工人生产效率提高20%，对零售商效益的影响微乎其微，而把零售效率提高20%，则会对零售商利润产生显著的影响。

不是每家企业都能拥有消费者，因为并非人人做得了零售商。另一个赢得消费者并与之建立联系的方法就是利用品牌。我在营销章节中会提到，要在无序的新世界中生存，企业品牌变得越发重要。在品牌和零售商之间，不可避免地存在着权力斗争。英国食品杂货店带头开发带有自己商标的产品。到2004年，它们在同类竞争产品中占据了42%的市场份额，在某些市场——如速食餐饮类的市场占有率超过了70%。超市的供应商面临着一个严峻的选择：是投资打造自己的品牌，还是根据超市的兴趣供货。拥有客户群的一方拥有权力，大的品牌能使供应商与超市抗衡。从洗涤剂到乳酸水果饮料，但凡是建立了自己客户群的品牌，都能与超市的自有产品相抗衡。而最强大的品牌甚至能对零售商发号施令，像古奇(Gucci)、费尔格蒙(Ferregamo)、路易·威登(Louis Vuitton)这样的奢侈品牌，制造商们从定价到货品陈列的整个销售过程中，都保持着强大的控制力。

消费者的权力不仅来自于多样化的选择，还来自于更为丰富的信息。在过去，消费者和生产者所获的信息存在着极大的不对等，生产商对他们的产品知之甚详，并且有选择性地让消费者了解这些信息。现在一切都不同了，消费者能获得足够的信息，质疑生产者并且作出更明智的选择。过去，消费者甚至都不知道自己还有选择的权利。医疗行业曾是经典的生产者推动型市场。我们找医生看病,医生会告诉我们,什么对我们来说是最好的。我们有问题,他们有解决问题的方案,我们依赖他们的技术和知识。现在,患者见多识广,他们会盘问医生,考察多个选择,并最终选择最优秀的专科医生问诊。有些医生对此很高兴,但大部分医生却不是。

消费者曾是被动的,他们购买的商品和服务仅限于生产商提供的产品。现在他们变得主动起来,他们发出的吁求不仅让生产商听到,还让他们作出相应举措。毋庸置疑,消费者用吁求帮自己获得了更多的信息、作出更明智的选择。举个很简单的例子,在亚马逊网上,消费者的评论比生产商对该产品的描述更具价值。生产商只告诉我们他们希望我们了解的内容,而消费者的声音可能会更刺耳、更令生产者担忧,下面有一些例子:

- 欧洲环保组织持续抨击转基因作物(GM),这使转基因食品受到严格限制,在欧洲它们也被称为"魔鬼食物"。这种抗议正确与否难以判断,但抗议的力量之巨大却是毋庸置疑的。该组织威胁政治家,让他们对转基因食物进行严格控制。
- 在英国,阳光心情(Sunny Delight)一夜之间从默默无闻成了孩子们最喜欢的饮料。但是,当其出现健康隐患时,它便迅速从市场上匿迹了,其速度不亚于当初进入市场之势。
- 1990 年,因在部分瓶装水中发现有苯,毕雷矿泉水(Perrier)召回了所有产品。食品及药物管理局(FDA)发言人威廉·M. 格里格(William M. Grigg)表示这并无大碍,说"这些含量不会产生直接伤害",他还表示,"如果你一天饮用 16 盎司此液体,才可能会在多年之后造成伤害,你有生之年患癌症的概率可能会增加百万分之一,我们认为这种风险是可以忽略的。"虽然对健康没有危害,但企业品牌和名誉遭受了巨大的损害,而毕雷因对此小问题作出了适度的反应,结果拯救了公司名誉。

更具建设性的是,消费者权力正被用来帮助生产商共创未来的产品和服务:文卡特·拉马斯瓦米(Venkat Ramasuamy)在《消费者王朝与顾客共创价值》(*The Future of Competition*)一书中详细地描绘了这种共创价值的过程。此书的核心观点指出,要开发优势产品和服务,必须与消费者进行更多互动和对话。共创价值着眼于消费者的整体体验而不是产品本身。这种观点与《蓝海战略》(*Blue Ocean Strategy*)中稍有过时的蓝海战略背道而驰:蓝海战略依靠脑力分析得出深刻的价值曲线:它认为生产商只管生产,消费者只需消费。而共创价值的观点对此观点提出质疑,认为消费者期待生产商听到他们的吁求。

拥有消费群这种奢侈,不是每家公司都享有的。生存在价值链下游、远离消费者的位置并不自在。汽车制造商把他的供应商分为三个层次:第一层是主要供应商;第二层供应商给第一层供应商供货;而位于第三层的则是众多处于食物链底层的小供应商。如果汽车制造商感冒了,那他的供应商就会得肺炎。面对同行激烈的竞争,过度依赖小部分主要客户,使汽车供应商非常脆弱。这是一个飞快重组合并的行业,这一点不足为奇。据普华永道国际会计公司(PWC)估计,从1988年到2015年之间,在这场缓慢但是剧烈的变革中,汽车供应商的数目会从30 000家下降到2 800家。

对处于远离消费者的边缘企业来说,生存也不是不可能的。如果你的生产成本超低(以石油炼化公司和采矿企业为例),那你在任何一场价格大战中或市场萧条时,都会是最后一个倒下的。同样,拥有优秀专有技术的公司(制药公司、软件公司)也会做得很好。还有一些公司和大部分公有企业,天生具有垄断权,它们的生存也很容易,实际上,公有企业本身就不受经济衰退的影响。但如果你缺乏工艺、成本优势或消费群体,又不能合法垄断,那你就要遭殃了。

权力从西方转移到了世界其他地方

为何全球化具有如此吸引人的经济性?那是相对优势使然。1817年,大卫·李嘉图在其《政治经济学及赋税原理》(*On the Principle of Political Economy and Taxation*)一书中提出了比较优势的观点,他因此而备受推崇。其书的核心观点是,每个国家都应该集中生产自己最擅长的或者相对擅长的产品。1776年,亚当·斯密在思忖苏格兰葡萄酒这个荒谬的想法时,也表露了相同的观点:

> 凭借玻璃杯、温床及热壁,苏格兰可以培育出优质葡萄。当然,如果他们付出比其他国家高三十倍的费用,也能酿造出同等优质的葡萄酒。

苏格兰葡萄酒这个例子,足以说服大部分人看到全球贸易和相对优势的好处。至少对消费者来说这是件好事。对管理者而言,相对优势意味着与世界另一端进行着更加激烈的竞争。全球化的进程还带来了另一个权力的转移,权力从西方转移到世界其他地方。管理领域还在逐渐适应这个转变。

在本书的序言中,我们提到全球化已经不是一个新话题了。

1890年,英国货物出口总额占国内生产总值的27.3%,1990年下降到了20.6%。同期,世界货物出口额从占全球生产总值的6%上涨到了13%。这主要是亚洲国家融入世界经济,出口额增长的结果。

亚洲的崛起源自于低廉的成本。现在,一些领域的成本仍旧低廉。在低成本的服装、鞋类、家居用品上,美国厂商无法与价格低廉的中国企业竞争,因此沃尔玛成了中国这个大"公司"的出口代理机构。这很可能是全球化浪潮的第一波。在下一个浪潮中,中国将转向更高价值、更高质量的产品,挑战其他领域的成熟工业。日本崛起的方式与之类似,它在第二次世界大战后大量生产低价低质的商品。没人指责雷克萨斯车(Lexus)、索尼或其他日本消费品公司的产品质量低劣。亚洲其余国家纷纷效仿。

全球化的结果是经济力量的变化。中国国内生产总值从1980年世界生产总值的6%上升到2004年的13%。虽然中国仍然远远落后于占世界生产总值23%的美国,但是差距在大幅减小。2008年,在中国和日本领跑下,亚洲拥有美国31%的国债。除非美国人和欧洲人学会多积蓄、少花费,否则随着欧美财政赤字的增加,信用危机将加剧欧美对亚洲资金的依赖。不然,美国人将指望从收入微薄的中国工人那里借钱来购买后者制造的商品。这种看上去不可能的安排,于双方都很方便实用,但是缺乏可持续性。

全球化创造大量机会的同时,也带来了高风险。越来越多的工作变得可以交换。此时,李嘉图的比较优势概念比以往更加适用。这种可交换的工作,主要集中于在某领域有相对优势的国家。工作的可交换性,推动了班加罗尔(Banglore)软件外包业务的增长。班加罗尔现象象征着更大的权力变化。在工业时代,可交换性的工作主要存在于可交换性的行业，结果导致西方产业几乎整个消失。英国工业革命是建立在煤炭、钢铁、服装和造船业基础之上的，而今这些行业仅是它们曾经存在过的幻影。在全球化的新时代，连服务业也变得越来越可交换。因而，新世界的专业人士既可以是大赢家，也可以是大输家。虽然软件业在印度发展很快，但相比之下，还是纽约和伦敦从金融服务的全球化中受益最多。

在美国，雇用一个不熟练的工人，一周支付给他 426 美元；在印度，同样的价钱几乎可以雇用 10 个同样的工人或是一个熟练工人，这样一比，就没有道理雇用美国工人了。2005 年，麦肯锡推测世界有 1.6 亿个服务工作在全球任何地方都可以完成，这个预测还不包括制造行业可以在国外进行的部分。因而，工作被取代的可能性是巨大的。国际经济学院(Institute of International Economics)的詹森(Jensen)和克莱策(Kletzer)预测，高达 50% 的劳动力可能会从事可交换性工作，这些工作主要包括可交换性行业(比如汽车生产)中的工作和可交换性工作(比如写软件)。

把理论应用于实践，请考虑以下几个简单的例子：学校门卫、修改作业的人、看孩子的保姆。

- 学校门卫不是可交换性工作，因为你不能把前院拿到中国清扫。但是，如果看门人的老板是汽车生产商，那他的工作就有风险了，因为汽车生产是会破产的可交换性行业。
- 教育业并非是一个高度可交换性的行业，除非存在着这样一个全球最高层次的供(教授)求(学生)市场。但是批阅多项选择试卷是个高度可交换的工作，这项工作可以电子化完成。如果对阿肯色州(Arkansas)学校的阅卷评分可以在亚利桑那州(Arizona)进行,那就没什么理由不能在亚洲进行。

- 如果被建议把孩子外包到便宜的境外托儿中心,可能大多数家庭都会感觉到“岂有此理”。而雇用一个把大多数薪水邮寄给马尼拉(Manila)家人的菲律宾(Philippines)保姆,就是一个有效的境外托儿方法。如果连孩子看管都可以被送到境外进行,那么大多数工作也都可以在境外进行。

可交换性工作不会在全球均匀分布,所以相关的风险很大。很多行业会分出赢家和输家,这些行业不会分散,而会自然地集中在一起。剑桥(Cambridge)的经济学家艾尔佛雷德·马歇尔(Alfred Marshall)首先观察到了这个现象:英国曾经有陶瓷业自然集群(斯都克市黑区,Stoke and Black Country)、刀具集群区(谢菲尔德,Sheffield)、服装集群区(兰开夏郡,Lancashire)等。有些产业集群不仅在国内占据着主要地位,还是全球行业的领头羊。产业集群这种现象是自然的,能使产品、服务、技能、思想和创新的流动更加容易。产业集群一旦建立,就会自我加强,吸引更多技能、顾客、企业家和供应商到这个卓越和能力中心,加强了相对优势感。一些主要的集群包括:

- 金融服务:纽约和伦敦;
- 高科技:硅谷(Silicon Valley)和加利福尼亚;
- 钻石:安特卫普(Antwerp);
- 汽车运动,印弟赛车(IndyCar)和一级方程式赛车(Formula 1):英格兰东南;
- 牛仔裤:中国广东;

• 软件:班加罗尔。

和正在崛起的亚洲人相比,西方人劳动成本高而且工人懒惰。亚洲人一年的工作时间一般要比西方人多50%,而薪水可能只是西方人的10%。这不是长久之计。西方人可以想办法从事高附加值的服务业,但在煤炭业、造船业或服装业,欧美不会再竞争得过中国。但是,转向高附加值的服务业需要高的技能水平。西方的前景至多说是喜忧参半。经济合作与发展组织国家主要是西方国家,这些国家受过高等教育的25到34岁人群只占30%。相比,韩国和日本已经领先:该年龄组有超过一半的人受过高等教育。这个年龄组代表着每个国家未来的竞争力。印度和中国相对落后,25到34岁受高等教育的人各自占8%和5%。虽然百分比较少,但实际人数众多,相对只有7亿人口的欧美,印度和中国共有超过25亿人口。目前在中国就有2 000万名学生将会成为熟练技工和管理者。

就管理方面来说,根据个人观点不同,全球化将使世界更加刺激、危险或复杂。说它更刺激,是因为它为个人和企业创造了更多机会;说它更危险,因为在全球化的世界中,公司和管理者的工作都因世界范围内的竞争者充满风险;说它更复杂,是因为管理全球价值链比管理当地价值链难得多。

技术大大促进了管理行业的全球化。从基本的电子邮件和视频会议到全球企业软件,科技使工作变得没有界限,但科技不能解决所有问题。对很多管理者来说,在实际的日常管理工作中,全球化没有什么作用。比如,英杰华集团(Aviva)在爱荷华州(Iowa)和英格兰诺里奇(Norwich)都拥有保险业务。诺里奇的管理者或保险经理在做什么,他们在爱荷华州的同行不会感兴趣。这家公司在全球都有分支机构,但除了高层管理和精选的业务骨干之外,实际的管理并没有实现全球化。

其他公司对融入全球化的需求更为迫切。计算机生产商和航空航天公司在全球有高度一致的设计、生产和供应。这时,技术的限制就很明显了。很多这些组织,在全球实质性的小组工作中会遇到巨大问题。对如何组织运行全球公司,人们做了足够的研究;而对如何进行全球小组实际作业,人们知之甚少。草案、目标、角色、责任和交流,虽然已经建立了相应的小组,但仍然行之无效。这时的问题在于人和权力。小组是建立在信任的基础上的,但视频会议建立不了信任。信任需要花时间进行个人接触,这些都是昂贵的活动。小组工作行不通还是因为权力不均衡,决策、晋升、资源配置和工作优先安排没有按民主的方式来决定。对于全球小组中不处于权力中心的管理者来说,他们感到沮丧——因为他们不可知性高不得不充分预测将发生什么,他们优先安排的工作被任意改变,他们感到被甩在了权力圈之外。很少有公司能够跨越地理管理。

日本公司希望有日本老板管理,美国公司更喜欢美国老板。但众所周知,霍华德·斯汀格(Howard Stringer)和卡洛斯·戈森(Carlos Ghosn)(他们分别是索尼和尼桑的首席执行官)以及有一些人的确是例外。这种本国偏见对世界全球化有一定影响。人们容易认为,公司应该放弃本国偏见,实现真正的跨国经营。理论上,放弃偏见有助于公司在人才大战中取胜,公司应该能够超越国界,吸引并提拔最好的人才。但在实际中,本国偏见还是阻碍了其他国家怀有雄心壮志的国民的到来,他们不想被排除在权力魔法圈之外。

目前的现实是大多数公司都不太注重多元化。即使存在不同的信仰、性别和种族，公司仍然注重单一的价值观。下面这些语句就是对这种单一价值观的颂扬：比如麦肯锡的“一个牢固的公司”或美国运通的“蓝箱思维”。这种做法的理由很充分。顺从一致，即使无法做到提高决策效率，也有助于促进决策过程中理解和轻松。虽然公司鼓吹多元化，在实践中却推行一致性。文化的一致性，在董事会一致的性别、种族和国籍中就可见一斑。女士进入会议室一般是沏茶倒水和打扫卫生。据普华永道国际会计公司和蒙克斯（Monks）估计，到 2007 年，在英国 350 个著名上市公司的董事会中，董事会主要执行董事中女士仅占 3.5%。

注重一致性而忽略多元化让公司付出了代价。所谓代价，部分指上文所说的人才大战中造成的损失，除此以外，公司参与全球竞争的风险也变高。我们在领导力一章会看到，关于什么造就好领袖这个问题，不同国籍的人的想法大不相同。对于互相没有竞争的国家来说，这个问题只是人类学方面的兴趣研究。对于喜欢直接竞争的国家来说，这一点就很重要了。注重一致性而忽略多元化的结果，不仅造成了经济模型的冲突，也带来了管理模型的冲突。日本在 20 世纪七八十年代的崛起正是基于不同的管理模式，西方人对此根本不理解，直到西方有些工业已经远远落后于日本，西方人才大梦初醒，但为时晚矣。

权力从西方到世界其他地方的转移不会停止。为了存活，公司需要学会新的组织方式（全球小组、全球人才）和竞争方式。目前的问题一目了然，解决方式却并非显而易见。聪明的调查帮不了我们，答案只能在战争的迷雾中发现。

权力的回报变得很不平衡

在一个需要技能的产业中，有技能的工人不断涌现，没有技能的工人逐渐淘汰。这种现象并不奇怪，我们可以从以下几方面来分析。

首先，人生的收入与你所达到的教育水平直接相关。收入的数据可能是微薄惨淡的，也可能是令人振奋的，这取决于你的教育水平如何。专业研究生资历人士的收入将是高中中途辍学人士的 3 或 4 倍。美国劳动部门 2008 年数据显示，随着教育水平的增高，人们收入增加的同时失业的可能性降低。

资历	失业率(%)	每周收入中间数(美元)
专业学位	1.7	1 522
硕士	2.4	1 228
本科	2.8	978
普通专科，没有学位	5.1	645
高中	5.7	591
高中以下	5.9	426

财富的差距和技能的差距相互映射，这没有什么奇怪。更令人吃惊的也许是贫富差距逐渐扩大这个现象。在测量收入差异的基尼系数(Gini)中，我们更容易看出这个差距。从历史上讲，人们总把财富增加总和为所有人创造更多机会联系起来。中世纪时，曾出现了一些非常富有的巨头和无以数计的贫穷工人。但随着国家财富增多，这种收入差距一般会减少——富裕的中产阶级开始出现，甚至连

金字塔底的赤贫也减少了。欧洲国家积极通过税收政策调整财富分配，加速了这个贫富差距减小的过程。法国、意大利和德国的基尼系数处于较低水平（代表较为公平的收入分配制度），仅有 0.3 左右。收入水平高度不平等国家包括一些新兴经济体（巴西、墨西哥）。中国的基尼系数达0.45，说明存在较为严重的收入分配不均。中国人攒钱，是因为他们知道，当情况变糟时，没有真正的社会保障来保护他们的利益。终于，而今美国的收入分配不平等现象也跟中国处在同等水平了。

在过去 30 年内，美国的收入差距一直在变大，其基尼系数从 1980 年的 0.4 上升到 2006 年的 0.47。如果不采用欧洲的再分配制度，收入差距可能将继续增加。收入分配不平等引发的一系列社会和政治问题始终是讨论的焦点。从管理学角度来讲，这充分说明了成熟的经济体正变为需要技能的经济体，这种经济体下，唯有拥有技能的人才能存活，没有技能的人必定要挣扎。

小　结

大多数革命之所以危险，是因为它们发生得太快，人们没时间去反应，也没办法弄清楚谁输谁赢。而本章所述的四个有关管理的权力革命之所以危险，却是因为它们发生得太慢。管理革命跟地理迁移一样，人们最终会见证山的出现和大陆的移动，但却不可能每天都看得出革命带来的变化。但是，变化是不可阻挡的，而且也在重新塑造着管理世界。当我们意识到改变在发生的时候，作出反应已经太迟了，这样就产生了危险——我们发现被放逐到了历史错误的一边。

幸运的是,革命带来危险的同时也带来机会。有输家,也会有赢家。我们期待一个大动荡和创造性破坏时期的到来:旧产业消失,新产业产生。如果有人在1900年告诉英国人,他们将在100年内几乎失去所有的煤炭业、造船业和服装业,他们一定不会相信,随后还会感到恐惧:除非大灾难才会导致这样的惨剧发生。实际上,失去旧产业会为新工业和新公司的出现、创造提供更多财富营造空间。我们不能阻止革命,唯有勇者才能从革命中获益。

第四章

财务：从资本资产定价模型到毁灭之路

1494 年，一个叫卢卡·帕乔利（Luca Pacioli）的天主教会修士出版了一本有关数学和代数的著作。自约翰尼斯·古滕贝格（Johannes Gutenberg）在欧洲发明了第一台印刷机之后的 50 年以来，任何书必须有特别之处才能被印刷。帕乔利著作的特别之处基于以下两点：首先，它是第一本不以拉丁文或希腊文而以本国语言出版的数学方面的书籍，这使得神秘的数学更容易被更广泛的读者所接受。其次，这本书中的一个部分把威尼斯商人现有的最佳记账法编撰起来。帕乔利可能不是发明会计学的人，但他是第一个把会计学在书中总结出来的人。帕乔利为此后的商人和会计明确了标准做法。

随后的 500 多年中，帕乔利的记账和会计系统流传迅速，其运用也惊人地顺利。一个在帆船和马力时代创建的系统，一直沿用至宇宙飞船和核动力时代，不得不说是个奇迹。虽然它现在表现得有些衰老和落后，但这也属正常。

帕乔利的系统由于以下两个原因出现了问题：

首先，新世界的无序状态暴露了一系列重要的技术缺陷，严重地危害到了传统的会计方法。有形资产不再是一家公司价值的重要标志；同样，公司的负债也有了较大变化，以至于人们越来越不相信资产负债表的真实性，除非通过法庭调查对所有的结算票据进行确认。间接成本和管理费用在管理会计中变得越发重要，结果，传统职能会计在计算成本因素时容易给人误导。很多这种技术性难题广为人知，但解决方案却不那么显而易见。我们正步入一个未知的世界，我们需要一个现代的帕乔利，为接下来的500年设计一个系统。

如果技术难题能被发现，至少说明它们可以被控制。但是，更为危险的挑战是传统会计系统所面临的第二类难题。会计不仅是枯燥的记账，也越来越与权力、政治和目的相关。理论上，大多数公司的财务预算过程应当是一个有效进行资源配置、使回报最大化的技术过程。而实际上，它也是一个管理者寻求资源占用最大化、承诺义务最小化的过程。天真的管理者往往凭一时大男子气概接受“挑战性”的预算目标，但随后就后悔不迭。机敏一些的管理者则为了取得一个较为容易的软预算目标而努力协商。

和金融理论难题相比，会计学的问题有点黯然失色。每当学生质疑 CAPM 模型时，他们都不可避免地被商学院的金融学教授打个低分。尽管如此，这个模型在理论上是有缺陷的，在实践中也被证明是具有灾难性的。并非所有的信用危机都是这个模型的过错，但对一堆毫无疑义的理论给予虚假的学术崇拜，致使银行也误将这堆垃圾奉为高深科学,这里面 CAPM 模型责任重大,难脱其咎。

在以下的四个部分,我们将充分探索会计和金融学所面临的政治和科技挑战:

1. 财务会计;
2. 管理会计;
3. 预算过程;
4. 回报和指标。

在一些领域,人们找到了解决方法。而在其他领域,人们像是没有帕乔利和其新簿记理论的中世纪商人一样,在努力挣扎着寻找方法。

金融理论和毁灭之路

金融学高深复杂,是穿梭于金融市场的行家的乐园。这些杰出的人设计出优秀的数学模型,将投资决定最优化,赚大笔的钱。理论上是这样的,但实际情况极不相同。现实很少与金融行家的歪曲理论一致。一旦现实应验,那灾难必然接踵而至。长期资本管理基金(LTCM)是金融行家们设立的经典对冲基金。迈伦·斯科尔斯(Myron Scholes)和罗伯特·C. 默顿(Robert C. Merton)是 LTCM 的董事会成员,并且共同获得了 1997 年的诺贝尔经济学奖。次年,LTCM 破产,损失高达 46 亿美元,原因就是他们没有作出俄国金融危机的模型。比起在 2008—2009 年间赚钱捞金、然后把10 000多亿美元从账面上一笔勾销的顶级的银行家,斯科尔斯和默顿两人只能被称做业余爱好者或是外行。

金融理论与金融实践相去甚远。大多数执业管理者设计不出精巧的金融模型，也损失不了10 000亿美元。当理论和实践不符时，理论和实践之间必有一方出错，而绝大多数证据表明是理论出错。这一点很重要，因为金融理论是关于做理性投资决定和使我们的资源回报率最大化的理论。如果不知道怎么做，我们会浪费资源、错失良机。所以我们需要关注金融理论，搞清楚哪里出了问题，并且找到改进的方法。

目前的金融理论存在以下三个基本问题：

- 理论本身有误；
- 理论和实践不符；
- 非传统性方法、替代性方案更好。

金融理论有误

一提到 CAPM 或"毕苏期权定价模式"，很多理智的人都会抓狂，这是对晦涩难懂的金融理论作出的正常反应。如果你也这样，那请翻到下一个介绍"理论和实践不符"的部分。

CAPM 模型是金融的核心理论，是用来确定贴现率或回报率并评估财务决策的方法。这是一个重要的方程。如果 CAPM 模型确定的回报率太低（比如 1%），我们将给一个没价值的项目投资；如果 CAPM 模型确定的回报率太高（比如 50%），我们将错过一些有价值的项目。

CAPM 模型一般写为以下方程形式：

$COE = R_f + \beta(R_m)$

其中，COE 指权益成本；

R_f指无风险资产收益率，作为国债赎回收益率；

β指贝塔系数，即与股票或项目相关的具体风险；

R_m指市场风险收益，即投资股市而非安全的政府债券要求的额外回报。

这个等式可以计算出从 4%到 40%的权益资本成本。在实际操作中，你也可以编个数字，然后一直使用。现在我们以 2009 年 4 月某天的数据为例，向大家展示如何得出相差很大的权益资本成本。

- 用 1 年期和 10 年期的政府债券赎回收益率得出的无风险收益率在 0.86%和 3.02%之间。
- 根据股票的波幅及是使用 1 年还是 5 年的贝塔系数计算，股票市场上的个人股票贝塔系数一般是在 0.7 到 1.5 之间。个人项目投资的贝塔系数不仅是科学，更是门艺术。一个削减成本项目的贝塔系数可能是 0.5(比如裁员，即使你不清楚裁员对人的影响，但你知道它对财务数据的影响)。新创业的企业，贝塔系数可能是 4。风险这个问题，其实与理解及协商有关。
- 历史市场风险收益率在 5.6%到 8.9%之间。

如果我们用上文较低的收益率计算，权益成本约为 3.9% (0.86+(0.5×5.6))。如果用较高的收益率计算，权益成本约为 38.6%(3.02+(4×8.9))。这在要求收益率上就产生了十倍的差别：你的收益要么是 3.9%，要么是 39%。CAPM 给基本管理决策提供了错误的"精确"参考。更糟的是,它还误导了管理者。因为股票的贝塔系数通常在0.7到1.5之间,管理者便认为贝塔系数或个人项目风险系数处于0.7到1.5之间。实际上,风险的范围要大得多。通过更好的供应商管理或改进质量能够降低成本,贝塔系数就会接近于零;进入新市场时,贝塔系数会很高,高得连风险资本家都难以想象。但明智的管理者不会只看一种结果。他们会发现,每一个投资机会都会带来不同的可能性。CAPM模型无法提供多样化可能性,只能给出一种看上去很复杂的结果。如果管理者关注到一系列不同的可能性,随后进行的比较和辩论就会非常有成效,因为他们会着重关注如何消除最坏的风险,并提高最好结果的发生概率。在作重大投资决策的时候,人们最好依赖自己的判断力,而不是依赖一个公式。

历史风险收益率也是实际存在的问题:不论在理论上还是在实践中,它都不起作用。通常,风险收益是通过预测100年或更长时间内投资股票和投资政府债券带来的额外回报计算出来的。这种计算存在几个明显的问题:

- 金融教授一直在说,我们不能以过去推测将来,因为"骰子不会每次都掷出相同的结果"。然而,他们自己对风险收益的估计,恰恰是在"以过去推测将来"的基础上进行的。先生们,不要左右摇摆啊。
- 对历史风险收益的预测从5.6%到8.9%不等。很大程度上,幸存者的偏见扭曲了预测结果。经历了世界大战、革命或国家破产,很多股市已被完全摧毁,因而在美国和英国股市基础上进行的预测是换汤不换药。1880到1900年间发生的事件和 1990 年到 2010 年间发生的事件,对风险收益预测的影响差别不大。学者们相信,宇宙飞船时代的投资政策早在蒸汽机船时期就已经定型了。

- 预测在中短期内对投资决策根本没用。股票相对债券额外回报高达 8.9%的说法,日本人听了会勉强地干笑一下,因为在 1989 年 12 月,日本股市高达40 000点。按照 8.9%的额外回报,在零通胀的情况下,20 年后东京证券交易所(Nikkei)应该涨到220 000点。而实际上,2009 年东京证券交易所指数只达到7 000点。这个理论能够直接导致贫穷(请参看上文"长期资本管理基金")。日本投资者已对资本回报率失去兴趣,开始关注资本回报。西方人在信用危机期间才意识到两者之间的差异。美国投资者发现,从 1969 年到 2009 年间股票运作一直不如债券,因为对于过去 40 年都一直攒钱的人来说,追求风险收益始终都是赔钱的做法。
- 把历史风险收益应用到整体英国或美国市场价值中,可以看出,从 1970 年到 1990 年整个市场都被低估了。要么是市场错了,要么是理论错了,可现实是很少出错的。使市场实际状况与风险收益相一致的唯一方法,就是使用市场收益预测。市场收益预测简化如下:

$$R_m = D_y + G - R_f$$

其中,R_m指市场风险收益;

　　D_y指市场股息率;

G 指股息长期名义上增长；

R_f 指无风险回报率。

在 1988 年的一篇论文中，欧文（Owen）和威尔森（Wilson）研究出了这个模型的变量。对 CAPM 模型和风险收益有效性的疑虑，不仅是信用危机之后才产生的，人们在很久之前就发现风险收益存在的问题。

CAPM 模型理论上的缺陷，能在实践中导致严重的后果。管理者需要一个更好的方式来确定可以接受的回报率是多少。而金融理论中任何有效的方式都无法做到这点。唯有既聪明、又实干的人才能逾越理论和实践之间的这条鸿沟。同时，管理者可以做一个激进的决定：依靠判断力而非危险的公式。他们可以根据已有的信息，对风险、可能的回报和可选择的投资机会进行判断。一家公司在任何时候都会面对多种组合的投资机会，你不需要让 CAPM 模型来决定哪个机会更有吸引力，只需运用你的判断力。

金融理论和实践不符

让我们暂时把理论放在一边。假设一家公司需要 10% 的资本收益率，理论上这家公司应该从事资本收益率大于 10% 的项目，而避免从事资本收益率低于 10% 的项目。为了进一步简化，我们就把 10% 作为最低资本收益率，并且忽略净现值等其他重要的精细指标。

在这个目标下，该公司对赢利稍微超过 10% 的项目就大举投资。它本应取得成功，可却破产了。理论在现实中怎么变得如此糟糕？简直令人瞠目。这其中至少有三方面原因：

- *博弈。* 管理者知道要承诺收益 10%,就会做一个电子数据表,说明这 10%的收益是可以实现的。首先,他们在数据表的右下角写出想要的答案——10%,然后修改数据表其他部分的假设,最终得出正确答案。他们随后提交数据表,如果规划部门没能发现这种狡猾的假设,管理者就走运了——得到他们想要的投资。可能 10%这个数字过于乐观,但当人们发现时早已时过境迁。管理者已经不在此岗位了,他们要么升值要么拿了奖金,原来的提议早已被他们置之脑后了。
- *事件。* 令人吃惊的事件很少是好事:顾客想少付钱,供应商想多赚钱,员工想加薪,竞争者步步紧逼,规则管控令人窒息,税收负担只增不减,而经济又开始衰退。即使是诚实的数据表和幻灯片,也很难给你所期待的回报。
- *平均数问题。* 一家公司在任何时候都会面临多种组合的投资机会。这些投资有的成功,有的失败,有的刚刚收支相抵,有的在起步中、花费不菲。一个成功的项目需要取得很高的利润,才能弥补之前的多次失败和发展中的各种投入。它们不仅要收益 10%,甚至 20%、30%或更多,来为其他项目提供资金。如果一家公司要取得 10%的投资收益率,那么其他项目的收益要大大高于 10%才行。

博弈、事件、平均数的问题说明,任何公司若要为了实现平均 10%的收益率,而去接受承诺收益率 10%到 12%的项目,都会遭遇毁灭性的失败。因此最低预期资本收益率在实际中要定得高一些。往好处说,理论上要求的收益率不起什么作用;而往坏处说,要求的收益率是极其危险的。实际上,成功企业都有自己的利润保护区,使收益远超过资本成本。只要存在不充分竞争，企业就拥有"不公平"优势。近30年来，波音公司有一个极好的利润保护区，叫747，这里没有真正的竞争。747利润保护区使波音公司能对其他板块继续投资，更新其民用航空机型。如果一家公司仅以基本资本成本为目标，那它将永远无法实现这个目标，因为会有太多令人失望的结果，削弱平均收益率。因此，管理者应该忽视理论上的要求收益率，尽可能地把收益最大化。

实际上，对一家公司来说，投资决策远不止一个财务决策。在评价一个投资提议的时候，有力的管理者会主要考虑三个因素：

1. 财务投资情况。有经验的管理者知道，为了得出想要的答案，电子数据表右下角的数字可以经过不断的修改。数据表和投资情况的真正价值不在于答案，而在于用以建立数据表的假设。财务投资情况不光是核对数字，更是检查思维和质疑假设。在评估一个项目的财务投资情况时，好思维比计算能力更重要。
2. 战略情况。在商业中，多元化应该是人们厌恶的一个词。商业历史上，为了追逐诱人的投资机会而偏离核心业务、采用多元化、最终失败的公司随处可见。即使像德国楞茨标准电气公司(ITT)、汤姆森拉莫伍尔德里奇汽车集团(TRW)、利顿编码器公司(Litton)、汉森(Hanson)这些大型企业集团，也只是昙花一现，然后分崩离析。好的投资适合并且支持公司的其他战略。对投资分析来说，战略情况和财务情况一样重要。
3. 作出提议的人员的素质。一个二流团队给出的一流提议，总是很难让人接受,因为它缺乏可信度,人们不会相信它的数值和工作能力。而一流星级团队给出的二流提议更可能成功,管理者会像支持这些人一样支持他们的思想。和二流团队相比,一个有良好纪录的一流星级团队更可能成功。如果管理者经验不多,但足够聪明的话,他会列出一流星级团队对自己的支持,借用别人的信誉使自己的提议被接受。

金融理论的替代方法

金融理论就是一锅由字母组成的各种工具和理论的大杂烩。净现值 NPV、经济附加值 EVA、公司平均资金成本 WACC、资本资产定价模型 CAPM、内部收益率 IRR、现金流折现法 DCF、权益资本成本 COE 等都各有各的用途。经济附加值 EVA 的推崇者对自己的方法极力赞颂,如果发现有人使用净现值 NPV 如此幼稚的方法,他们会大加攻击。中世纪的神学家会辩论大头针针头上可以站立多少天使,金融理论界也有很多聪明人在为一些晦涩难懂的无益问题争论不休。

对一个项目进行财务评价时,大多数公司倾向于使用以下四个简单方法中的一个:

回收期

最低预期资本回收率

提高每股收益

净现值

我们将简要地逐一探究这些方法的用法和误用。

*回收期*非常简单:参照所需的原始成本或投资,计算需要多少年能把原始成本收回,例如,一家公司的成本回收期是三年。再如,解雇一个人需要多支付一年的薪水,但这项成本可以在一年之内收回。一年收回投资显然比前者三年目标来的容易。回收期的优点就是简单,但没能认识到在回收期后项目可能带来的利益(现金流)。因此,当我们评定大项投资的时候,回收期可能起误导作用。比方说,油田或新药项目的回收期都非常长,但它们在现实中可是吸引人的好投资。

我们在前面已经讨论过*最低预期资本回收率*:它指人们设定一个目标,让每个项目必须至少回收多少,比如说15%。人们根据项目风险,调整最低预期资本回收率,高风险项目应该比低风险项目收益多。这种方法提出一个问题,即最低预期资本回收率是多少才合适。尽管如此,它还是相对简单。但当太多规模不同的项目都超过了最低预期资本回收率时,这种方法就遇到了麻烦,因为公司资源有限,因而需要另一种优化资源配置的方式。

每当首席执行官想进行收购时,他们就喜欢以*提高每股收益*为借口,使收购听上去正当合理。通常,这不过是个会计游戏。如果一家收益高的公司收购了一家收益低的公司,被收购方的每股收益会自动提高。这看上去不错,但并没创造真正的价值;而且研究表明,几乎收购带来的所有收益都由被购方的股东获得,收购方为目标公司支付的出价金中,30%到40%都落入了被购方股东的腰包。提高每股收益的把戏是个很好的方式,能让首席执行官糊弄投资者,让他们相信首席执行官做得还不错。

*净现值*包括一个项目（原始投资、经营费用和收益）相关的所有现金流，然后用最低预期资本回收率（见上文）把所有现金流贴现回今天的价值。这可能是对投资最为严格也是最为复杂的一种方式。简单来说，假设一家信用卡公司获取了一名新顾客。基于上千个先例，信用卡公司能够根据从不同渠道获得来的各种顾客，勾勒出预期现金流。一个简化的计算过程如下所示：

年	0	1	2	3	4	5
购置成本（美元）	500					
净现金流（美元）	－500	150	150	150	150	150
贴现因子	1	0.87	0.76	0.66	0.57	0.50
贴现现金流（美元）	－500	130	113	99	86	75

在这个例子中，假设我们获取一位客户需要500美元，在他得到更优惠的条件而转向其他公司之前，他能连续五年每年为公司带来150美元的净现金流。信用卡公司的贴现率是15%，最终结果是，这位顾客具有边际吸引力，5年的净现值只有3美元。从管理角度来讲，真正的利益不只是简单的投资决策，而是当你通过问一些简单问题，把投资决策作为管理工具提高利润时，真正的利益才能产生。这些简单的问题包括：

- 我们怎样能减少购置成本，有其他更便宜的方式（杂志、亲友团、会员介绍会员项目等）吗？
- 我们怎样才能通过交叉销售、降低服务价格或者涨价来提高每年净现金流？

- 我们怎样才能停止客户流失，更长久地保持客户忠诚度（以及现金流）？

像大多数金融理论一样，净现值本身的用法有限。这个理论不是判断的替代品，当它与洞察力和判断力结合起来时，可以成为有力的管理工具。但它也具有危险性。所有净现值计算都是在贴现率或权益资本成本计算基础上进行的。正如上文所示，金融理论没有合理的方法决定贴现率。再重申一次，管理者需要依靠判断力，而不是理论。

私营部门之外的金融理论

资源配置很重要，因而我们需要了解一些资源配置的方法。金融理论假定，我们的世界是个逐利的世界，人们的目的是使财务投资的收益最大化。对占发达经济体国内生产总值 30% 到 45% 的非营利机构和政府组织，金融理论对它们没有什么帮助。这不是一个小疏漏，因此我们值得费点力气了解一下，没有金融理论的世界是怎样进行资源配置的。

权威信息显示，公共部门不甚擅长充分利用资源。我们将在收益和措施那部分内容中进一步探讨原因。但这种例外情况带来的启发性是，让我们看到了该种情况下的挑战，以及公共部门在没有金融理论的条件下，如何良好地进行资源配置。

我们举个例子来说明这一点：以教为先。以教为先是个非营利性机构，它招聘优秀毕业生，然后把他们培养成英国内陆城市中一流学校的杰出教师。在开始的 7 年内，它成为英国招聘毕业生最多的 10 个机构之一；每年有多达 10% 的牛津和剑桥毕业生申请这里的项目。市场对学校和校长的需求强劲,而且它有一个持续性的经济模型。因而它的成功是不无道理的。董事会被要求对以下几种投资作出选择:

- 提高招聘能力,吸引更多优秀毕业生;
- 建立最佳教学实践的知识基地,促进教学;
- 重建信息技术系统,支持机构的基础设施建设。

金融理论让我们无法对上述任何一种投资作出选择,因为每种投资都无法运用经济收益或净现值来评估。长期来讲,社会将获得收益:孩子们受更好的教育,能找到更好的工作,可以交更多的税。相比之下,辍学的孩子可能流入社会救助体系和监狱系统。但在对以教为先项目五年的净现值计算中,这些好处却不能被发现。

尽管没有运用金融理论,到目前为止,以教为先也作了聪明的投资决策。它的招聘预算一般比优秀私营企业的一半还少,却同样有效地与之竞争。成功的秘密不难发现:以教为先项目不使用理论或财务目标,却使用传统的判断力,而且专注于使命。作为管理者,我们应该重拾勇气,相信自己的判断力而少依靠理论。

金融理论:结论

金融理论和实践严重错位。管理者依照金融理论作投资决策,很可能误入歧途。他们需要从正统的金融观念中挣脱出来,作出合理的财务决策。高效、实干的管理者已经懂得了这点。

在实践中作出正确、合理的财务决策应以下面几点为基础:

- 制定一个较高的最低预期资本回收率,最好是理论要求数值的几倍，以便成功项目能够弥补失败项目的损失。为不同类型项目制定不同的最低预期资本回收率，因为与雄心勃勃的新产品项目相比，削减成本的项目要更加棘手，但风险更小。

- 把财务情况当做验证假设、评估不同方案的机会，要意识到电子数据表右下角的数字有可能是捏造的。
- 为支持公司策略和发展方向进行投资，因为一个好的、稳固的财务情况并不足以说明财务决策的正确性和合理性，它还需与公司的更高目标相一致。
- 对好计划要像对好管理者一样，欣然接受。因为团队的品质会决定计划的品质和工作执行及结果的品质。
- 对缺乏财务情况的纯粹战略性投资，要保持高度怀疑。这种投资一定会耗费资金，但还看不到收益。大型信息技术项目是“战略”高度的典型“祸首”，缺乏信息技术的高层管理人员对抗拒这类的问题往往感觉力不从心。

这一切看起来很可疑，就像我们说管理者要用判断力做投资决策一样，但这是正确的。金融理论可以为管理者提供一些有用的工具，但工具只能帮助判断，而不是替代判断。对于正统金融理论，我们需要极其谨慎地学习和使用，否则就十分危险。当然我们也无需担心这个字母大杂烩，还是应该享受运用判断力过程中的自由和责任。

财务会计：无关之路

会计账簿应该“真实而公允”地反映出一家公司的财务状况，这对投资者、税务机关和企业管理都很重要。现在，“真实而公允”和

"财务会计"这两个概念越来越背道而驰。财务会计甚至成了无赖和监管者之间的战场,无赖们——公司的首席执行官和首席财务官——想通过财务会计为自己的工作业绩增光添彩;而监管者设计出有史以来最多的规则,防范财务会计中的重大错误和滥用。如今看来,无赖们占了上风。

信用危机下,财务会计暴露出的缺陷和弊端更加惊人。2008年,苏格兰皇家银行骄傲地宣称赢利102亿英镑;而在2009年,这些利润就忽然变成了407亿英镑的亏损。这相当于每个苏格兰居民都亏损8 000英镑。这种蔚为壮观的亏损并非无端出现,大多数都源自前些年次贷市场上的不明智借贷。不良资产明明存在,但财务账簿对它们向来只字不提。苏格兰皇家银行将财务会计的灵活性发挥得淋漓尽致,它在宣布亏损407亿英镑的同时还声称其实赢利8 000万英镑。此处,赢利被定义为"潜在的利润"。这种利润被宽泛地阐释为成本前收入,其可信度与网络公司兴盛时新兴公司对外宣称的利润差不多。以这种灵活性,407亿英镑的亏损可以被称做税前亏损,当然也可以有不同版本的解释,任君挑选。

显然,信用危机是一个特例,银行一般也是特例,因为它的账目和非金融组织的账目几乎完全不同。但财务会计在努力适应所有组织的新情况。问题的关键是资产负债表的本质改变了,因为本质一旦变化,也会给损益表带来巨大的影响。

在帕乔利时期,资产负债表的表现相对直观。资产一般是有形资产:库存、现金、在建项目以及一匹马或一些机器。所有这些物品的价值可以比较容易地评估出来;如果必要,也可以出售。债务也同样清晰,主要是对银行和供应商的债务,好的话还可能是股东的留存收益。

世界发生了变化，资产负债表的表现形式不再直接。正如下面简表所示，会计价值和经济价值开始相分离：

	1500 年:帕乔利时期	2010 年
资产	现金	商标
	库存	人才
	在建项目	专利和许可证
	机器	市场地位
债务	股东的股本、留存收益	表外债务
	对银行的债务	长期合约
	对供应商的债务	退休金

公司的资产越发趋于无形。会计价值和经济价值成为分离的概念。像微软、谷歌或药品公司这种企业，其经济价值不再是办公室、计算机和一些制造业（如果没被外包）价值的总和，而在于它们的专利、人才、品牌的无形价值以及稳定的市场地位和客户关系。一家好公司创造出的经济价值，总是能超过会计资产的简单总和。有史以来，标准普尔 500 指数的市场价值与其成分股指的会计账面价值比刚好为 2，这意味着，这些公司的市场价值是其账面价值的 2 倍（账面价值包括股东股本和留存收益）。到了 2008 年，标准普尔 500 指数的市净率（或是市场价值和账面价值之比）升到了 5 以上。像微软或谷歌这样的高技术公司，其市净率达到 50 或 50 以上是很普遍的。

也许，更糟糕的是资产负债表中债务方面的问题。同样，这个拥有500年历史的体系挣扎着,试图与现代现实接轨。现代债务本质的转变引发了两个基本问题。

- 评估一家公司的债务越发艰难。退休金债务这个困境能将公司消耗殆尽。通用汽车公司从每部汽车的利润中拿出1 400美元,用于支付退休员工的退休金和医疗保险。实际上,这形成了一个由汽车行业支撑的社会保障体系。英国航空公司2008年公司年报中股东权益达30亿美元,但对其135亿美元的养老金债务只字未提。界定福利计划给公司遗留下来的是巨大债务,即使利率的微小调整都能给整个退休金带来显著变化。英国对退休金的调控以退休者利益为根本,但这为股东和在职人员带来了巨大压力。
- 其实,企业最重要的一些债务在会计体系中是看不出来的。举例而言,零售商通常会签订一个长期租赁协议,这么做是有意义的。因为到了经济衰退时,投资者就会发现,零售实际是与经济变化关联紧密的一种活动。类似的例子还有,很多航空公司都选择租赁飞机。如果他们借钱买飞机,债务就会非常显著。这种经营租赁仍然会产生经济负债,但这不是会计债务。在经济情况良好的时候,高昂的固定成本是没有问题的;但如果经济困难了,这些成本就是灾难了。
- 理论上,这些问题都可以通过制定更多规则和进行更多披露来解决,调控部门就是采取这种方式。现在,递交给证监会的一份普通10-K格式的报告都要厚达200页,大多数人都没有时间和精力去啃完这本冗长的报告。所以,人们付钱给股票分析师,让他们来做这项艰难而繁重的工作。2008年,据彭博(Bloomberg)报道,尽管标准普尔 500 指数公司的首席金融官已经给股票分析师以充分指导,但总计仅有 6.7%的预测与这些企业的业绩表现相一致。分析师们总是过于乐观,部分是由于他们得对自己主顾的生意吹捧造势。业内有一起臭名昭著的案例,2000 年亨利·布洛杰特(Henry Blodget)当选为第一互联网分析师;2002 年,他发给在美林工作的同僚的邮件被曝光,其中观点与他公开发布的观点相左,他为此向纽约市总检察机构(Attorney General)支付了 400 万美元的罚金。如果分析师不是真正独立的话,再多的信息披露也没什么帮助。

对一家企业,唯一敢于以独立视角观察、评论的人便是卖空方。他们能嗅出企业会计中的虚假气味,一旦他们发现企业胡说,便大举买进。不可避免的是,在信用危机的时候,大西洋两岸的调控机构都严禁市场卖空行为,卖空方成了替罪羊。实际上,卖空方不是问题所在,反而能起到解决问题的作用,因为他们研究公司过去的会计价值,能发现其经济价值和发展前景。企业财务报表成功掩藏的事实,却逃不过他们的眼睛。

我们缺乏的不是会计信息的披露,而是判断力和关注。投资者不再需要更多的披露,因为信息量越大,从中发现真实信息的难度就越大。我们需要会计师和管理者鼓起勇气,发表"真实和公允"的观点,在简短的评论中既能回顾过去的成就,还能展望未来的成果并预估面临的风险。管理者必须做到实现公司内的预算承诺,高层管理者也应该开始向股东做预算承诺了。

管理会计

管理会计像财务会计一样,挣扎着紧跟世界变化的步伐。那时,商人们在没有顾问、技术服务台、战略人力资本部门、电脑、移动电话和咖啡机的情况下,勉强维系。那时,人们没有维持现代企业生命所需的一切支持系统;如今,这些支持系统不仅支持和成就了现代管理者,也禁锢了他们的手脚。公司服务的增加意味着管理费用的上升和间接成本的激增。

要理解间接成本是怎样影响会计的,我们可以看看面包师傅的例子。200 年前,村庄面包师傅的账簿极其简单。他卖出面包,然后在支付面粉、燃料和工人工资等费用之后才能计算赢利。他卖出的面包越多,要用的面粉和燃料就越多。每片面包的费用是很容易计算的。而在一个现代工业化规模的面包房中,面粉和燃料可能只占成本的 10% 到 20%,其余成本包括厂房和设备的资本折旧和利息支付、信息系统的购买和维护以及广告和管理经费。更为复杂的是,这个面包房生产 100 种不同的烘焙产品,产量不同,烘焙难易度也不同。现在要计算每个产品的成本到底是多少,就变得非常困难了。总有人在什么情况下,需要在这 100 种不同的产品上分摊成本,而且没有简单方法。间接成本的出现,使人们更难于了解产品的赢利能力如何,以及发现是什么致使成本增加。如果我们无从得知哪种产品赢利以及哪些方面提升了我们的成本,那就无法成功地管理企业。

为了说明这一点,我们下面举一个极其简化的器具制造商的例子。这个器具制造商生产同样数量的三种器具:高价器具(A)、中等价位器具(B)及低价器具(C)。

表 4-1 显示,每一种小器具都能带来利润但也产生间接费用。粗略计算,间接费用约为收入的 1/3,目前看来还不错。

表 4-1　间接费用分摊前的利润水平

	A	B	C	总计
数量	100	100	100	300
单价	15	12	8	
总收入	1 500	1 200	800	3 500
直接成本/个	8	6	4	
总成本	800	600	400	1 800
毛利润	700	600	400	1 700
间接费用				1 200
净利润				500

作为一家传统公司,器具制造商分摊间接费用的基础是产品数量,因为销售同等数量的一件产品,每件产品所承担的间接费用是相等的。在许多按功能性组织的公司中,这种分摊间接费用的方法简单而普遍。表 4-1 显示,低价器具刚好收支平衡。也许这家公司应该放弃这条生产线或是提高低价器具的价格,见表 4-2。

表 4-2　按单位数量分摊费用

	A	B	C	总计
毛利润	700	600	400	1 700
间接费用	400	400	400	1 200
净利润	300	200	0	500

这时生产主管指出,低价器具价格低是因为制造简单、不费力;而高价器具则要耗费较多的人力。生产低价器具,由于型号统一所以可以连续生产,不用调整机床,也没有机器停工的时间。而高价器具多是根据消费者要求定制,需要反复调整机床,因而会有大量的停工时间。于是财务主管决定调整计算方式(见表 4-3),按照总收入比例来分摊成本。一下子,低价器具的利润空间变大,而以往被忽略的 B 系列成为利润最高的产品。

表 4-3　按照收入比例计分摊费用

	A	B	C	总计
毛利润	700	600	400	1 700
间接费用	514	411	274	1 200
净利润	186	189	126	500

生产主管认为这种算法还不够好,于是和销售经理一起记录每个产品的相关活动。他们发现,60%的间接时间和成本都花费在昂贵的 A 系列上了,不仅包括机器停工期,还包括为不同客户的小宗产品开立发票、安排时间、回答客户询问以及销售工作等,这些都使 A 系列的制造成本非常高。而便宜的 C 系列只是为一个大客户生产,其生产成本和出售价格都很低。表 4-4 显示,C 系列利润最高,而 A 系列是亏损的。

可见,不同的费用分摊方式,得出的结论各异,或 A 或 B 或 C 利润最高。C 系列可能会亏损,也可能会获利,A 系列也是如此。如果获取的信息有误,你就会作出错误的决定。分摊成本非常重要,而且难度越来越大。

表 4-4　按照活动(所花费的工作)分摊费用

	A	B	C	总计
毛利润	700	600	400	1 700
间接费用的%	60	30	10	
间接费用	720	360	120	1 200
净利润	−20	240	280	500

成本分摊和器具制造者的两难境地

从理论上讲,作业成本法(ABC)为这些问题提供了一个美满的解决方案。1988 年,库珀(Cooper)和卡普兰(Kaplan)在《哈佛商业评论》发表了一篇文章,一时之间,ABC 声名大噪。机缘巧合,几年后,哈默(Hammer)和钱皮(Champy)出版了《公司再造》(*Reengineering the Corporation*),该书风靡 20 世纪 90 年代,成为当时企业咨询和降低成本的必备宝典。再造工程和作业成本法是灵魂伴侣:两者都对公司进行了彻底研究和分析,不是研究功能部门,而是研究流程以及流程在公司内部不同部门之间的运作。作业成本法在 1990 年达到全盛时期,这并非偶然。此后,再造工程便走下坡路,它面带微笑去削减成本,而微笑本身是可有可无的。作业成本法和再造工程同时衰退。经济景气时,价格规则和过程效率看起来并不是非常重要,而信用危机的发生可能让这两种方法延迟退出。

此处,我们既没有时间也没有足够的篇幅来展示 ABC 的作业流程,虽然这样可能会揭示出它走向衰落的原因。它是一个用来理解和管理成本的强有力的工具,但也是一个要求非常高的工具。它占用了大量的管理时间,通常需要外部专家的帮助,这就使得其成本高昂,所以最好几年只做一次此类特殊分析。有人试图将作业成本法融合到企业软件中去,但是这种努力也在很大程度上付诸东流,因为作业成本法主要是一个分析工具,而不是一个会计工具。

实践中,大多数的管理会计还遵循500年前帕乔利提出的原则。管理者专注于功能成本,这虽会产生误导(参见器具制造的例子),但是很简便,而且可以将管理可靠性维持在较高的水平。如果一个部门的支出超出了预算,那么责任在于该部门的负责人。而作业成本法中成本的可靠性不甚明确。

像以往一样,实践战胜了理论。功能成本可能会产生误导,而作业成本法可能太过复杂。但是这并不能阻止管理者创建出简单、实用的方法来推动业绩。不同行业侧重于其特殊的生产率和利润率测评,例如:

- 信用卡公司:每个用户的NPV(净现值);
- 航空公司:每有效千米的利用率和总收入;
- 旅馆:每晚每间客房的平均收入;
- 专业服务:使用率;
- 银行:成本或收入的比率;
- 零售商:每平方英尺或米的销售额以及同等(同一商店内的)商品销售额的增长。

显然,这些并没有涵盖各个行业所用的全部测评方法。但是这些方法可以有效地为对应的行业测评,判断其是否向着正确的方向发展。

管理会计进退维谷。对于需要分摊大量间接成本的行业而言，一方面，传统的管理会计工具越来越不可靠；另一方面又没有理想的替代品。作业成本法的经历说明，管理会计有可能比财务会计进步更快。管理会计不受监管部门的限制，可以自由实验。而且，管理急需掌握正确的信息，并基于此作出决定。和管理革命一样，管理会计正在日益进步。

预算过程

预算的精髓在于对稀缺资源进行有效的配置。这应是一个理智的过程，目的在于对公司的资源进行优化，以获取最大回报。但任何参与过预算决策过程的人都知道，这个过程其实并不理智。这里面有浓重的政治味道，管理者都希望付出最少的努力，获取最多的资源。最高管理层的理念正相反：他们要用最少的资源获取最大的回报。因此，预算过程变成了高级管理层（在各自的计划部门支持下）、中级管理层以及中级管理者的三方争夺战，他们都为了在对公司稀缺资源的竞争中分得一杯羹。

预算的过程展现了组织中令人难以置信的两个事实：

- 其实，多数管理者要面对的真正的竞争并不在市场上，它就发生在办公桌旁。市场竞争可能会偷走你的市场份额，但你的同事不同，他们却会偷走你的预算、奖金或晋升机会。在大多数组织内，内部竞争远远要比外部（市场）竞争激烈。
- 组织的架构本身就内含着矛盾。传统理论认为，组织具有合作性质。事实并非如此。在组织中，每个部门、业务部、产品小组都有不同的优先考虑，其意愿都会有冲突。正是通过内部冲突和竞争机制，最佳创意才能逐渐产生，但有时获胜的并非最佳创意而是最擅长政治运作的人。内部竞争可能会很残酷。

预算战争并没有成文的规则，但大家基本上都心知肚明：

- 尽量显得客观，并把公司目标作为重点。实际操作中，管理者使用数据跟醉汉使用电线杆是一个道理——只是为了支撑自己，并不是为了指明方向。管理者并不是要去寻找真理，他们寻找的不过是最佳的预算解决方案，为此，他们会有选择性地使用数据去支持自己的观点。
- 及早报复。先发制人，并且将辩论向你预期的方向引导。在正式讨论预算之前就和高级管理层沟通。在讨论过程中使对话持续以加强自己的论点。这类基本政治游戏目前在学术领域都有认可。2002 年诺贝尔经济学奖得主丹尼尔·卡纳曼(Daniel Kahneman)在其关于决策过程的著作中就表明，人们作决定的时候，锁定和重复是两个至关重要的因素。换句话说，决策过程并不具有纯粹的理性。
- 不要在本年度的预算内超额完成。本年度的成功仅仅意味着下一年度更高的期望。如果本年度进展顺利，保持低调，尽可能多地将本年度的好消息延期到下一年度，这样下一年度就会有个好的开始。在公共领域也是如此，比如随着年关将近，不同部门都会拼命花光纳税人的钱，这样他们下一年度的预算就不会被裁减。其中的政治现实就是，维持部门资源远比为管好纳税人的钱重要得多。

理论上，达尔文式的预算决策过程也不是很差。竞争和物竞天择的方式也许能帮助公司对其资源进行最佳配置。如果预算过程充满政治游戏以及不道德、不愉快或艰辛的工作，我们也不应抱怨。作为管理者就是要能容忍这些荒谬的东西。只有当预算过程使稀缺资源得不到合理配置时，我们才应该抱怨。从这个意义上讲，大多数公司的预算过程都存在一个主要和次要的问题。

大多数预算的次要问题在于，预算过程花费时间和精力，让我们分心，不能集中精力于具有更多附加值的活动。预算游戏中，有政治头脑的管理者获得了软预算，他们个人从中受益了，但对整个组织却产生了损害。这属于次要问题，因为它广为人知。大多高级管理者在做中层管理者的时候，就对预算游戏游刃有余：他们知晓所有的花招，因此通常能够限制这种游戏对组织带来的伤害。

预算过程的主要问题在于其渐进式的思维。对下一年度预算的最佳预期因素就是本年度的预算，外加通胀和具体表现的微调。渐进式的思维使管理者成为过去的囚徒：我们要继承以前的成果，然后像往常一样继续努力，也许更努力一些，以赶上竞争对手，而竞争对手也会同样更加努力。但是我们不能够年复一年地更加努力下去，因为终有一天我们会累垮的。我们必须要变得更聪明一些，比如找一条不同的途径，买辆自行车，或为对手设置陷阱。大多组织的预算并不强调聪明的因素，他们只强调更多的努力。

如果把预算和计划过程作为战略性思考的替代品，那么公司运作起来只能更苦，而不是更活。战略性思维通常超越部门界限，而且需要不止一年来实施。换言之，一年之内部门预算会阻碍任何战略性思考或行动。在预算范围内进行思考，无法面对下列基本挑战：

- 重新定义公司活动：出售或兼并新的业务；
- 培育新的内部能力，开发新产品，开拓新市场；
- 重新设计工作，重新创造或革新整家公司。

在实际操作中，大多数公司花费在预算过程中的时间太多，而花在战略过程上的时间过少。预算过程是安全的，因为大家对规则都明了，即使做错了风险也小。对于管理而言，战略性的过程就不安全：大多数人都缺乏经验，不知道规则，弄错了导致代价惨重。预算过程是有序的，但战略过程则机遇的因素较大，或由危机驱动。最好的战略过程是，某位顾问偶然间向高级管理者汇报，然后该高级管理者往往断章取义地向其他管理者通报。结果是大多数预算都会有一个巨大的漏洞，因为它们缺乏真正的战略性指导或理解。

理论上，预算应该更加具有战略性。但是一旦战略性思维被外包给顾问处理，真正的战略性预算就不会发生了。再明智的预算也无法将不成功和成功的组织进行区分。福特和通用汽车拥有非常复杂的计划部门和预算过程，但是他们还是做不过本田和丰田。网络浪潮中成功（或不成功）的公司都不是因其预算过程的质量而成功或失败的，他们成功与否是取决于其商业模型和具体的实施。

战略性思维越清晰，就越能把政治因素和渐进性思维带来的影响降到最低。但是考虑到预算过程风险低，而战略性思维风险高，我们可以预见，政治性预算和渐进性思维还会在传统组织中持续很长时间。而新组织，没有历史包袱，可以摆脱过去预算过程的影响，避免成为过去的囚犯，有机会实践战略性定位。

小 结

财务理论和会计都有很大的瑕疵。其批判者会说，像民主一样，财务管理和会计不过比其他的替代方法略胜一筹而已。如果其他的替代方法是简单的公式和规则，那么批判者是正确的，因为不存在更好的公式和规则。管理面临的挑战就是如何正确对待这些瑕疵。

本章主要的结论是，不要依赖于公式和规则，而要依靠判断。当公式代替了思考，那么灾难会接踵而至。根据货币基金组织的数据，信用危机的灾难耗费了我们 4 万亿美元。换成 100 美元的钞票，这些钱足够覆盖整个地球了。这个用途远胜于将钱浪费到银行和银行家身上。不当的会计、盲目相信资本资产定价模型以及对风险的不当态度都是导致这 4 万亿损失的原因。

思考的关键转变是要认识到，无论是财务理论还是会计都不能为管理面临的挑战提供可靠的答案。如果明智地加以利用，它们可以提供一个平台，供我们深入思考、检验假设和探索其他的方法。换言之，它们不是终点，而是起点。在高效的财务理论或会计问世之时，我们可能已经老去、过世。我们不能也不需去等待完美。我们面临的挑战是，利用现有的、不完美的工具提出正确的问题，找到正确的答案。

第五章

信息:从匮乏到超级通胀

最近30年,IT使商业领域有所改观。这不是第一次以技术的奇迹改变工业,也不会是最后一次。颇有争议的是,是否是铁路的出现带来了众多变化,从而促使了第一次工业革命的产生。有些人认为内燃蒸汽机、飞机、电和电话才是改变商业历史的最伟大的技术。未来会有其他的技术让我们的后人赞叹不已,并令他们相信,他们生活在一个史无前例的技术变革时代。

与其争论哪种技术给我们带来最大的变化,不如接受这样的事实:改革技术是公司运作的基本条件。在过去的30年中,IT革命的本质也是不断变化的:从主机到桌面台式机到云计算;从陆上线路到给手机发传真再到邮件和黑莓智能手机(blackberries);从独立计算机到因特网,这些都经历了几代的变革。

预测技术未来的演化趋势及运用方式是毫无意义的。今天我们认为理所当然的一切绝非往昔可以想象的:成功是在市场中被发现的，而不是如书本所预测的。如今，谷歌的收费搜索广告显然是搜索服务获利的有效方式；而之前其他的赢利方式也被尝试过，诸如订阅服务（美国在线服务公司 AOL）或者打出横幅广告（雅虎！）。美国的飞书网和推特网取得了成功，而 Boo. com（衣服零售）和 Webvan（食品杂货）却失败了。这些事件发生之后，我们会变得很明智。但是，如果在此之前，我们就睿智而勇敢的话，那我们就会变得非常富有。

我们也许不能预测技术的未来，但我们必须学会如何经营它、管理它。到目前为止，有些证据表明技术已经比人更高端先进了。我们既没有学会如何把握它，也无法驾驭其在管理中的应用。我们正处于技术革命中，却不知道它将把我们带向何方。是它引领我们，而不是我们领导它。我们期望技术会把我们带向一个繁荣稳定的未来；但我们也害怕，它可能会像《弗兰肯斯坦》（*Frankenstein*）里的怪物一样，让我们再也无法控制我们的创造物。

管理者的两个基本挑战如下：

- 如何有效管理技术；
- 如何驾驭技术在商业中的应用。

如何有效地管理技术

全球花费在技术上的开支是巨大的。据国际数据公司（IDC）估计，2010 年商业和政府将在技术上投入15 000亿美元。分配如下：

- 软件：3 270 亿美元；

• 硬件:5 620 亿美元;

• IT 服务:5 870 亿美元。

嘉特纳咨询公司对 2009 年的投入也作出了相似的估计,但是额外还有19 000亿美元花费在了电信上面。把这些数字放在大背景下看,英国 2009 年的国民生产总值也不过21 000亿美元。技术行业变成了一个非常大的雇主。仅美国国际商用机器公司(IBM)和埃森哲(Accenture)在全球就拥有 57.1 万雇员,相比之下,福特和通用汽车公司却只有 49.5 万员工。这种差距正在迅速扩大。新旧正在交替。汽车产业称他们有一个内陆贸易区,那里的供应商依赖他们;而 IT 产业称,每个主要大型企业在全球范围内的发展都依赖于他们。

从支出规模来看,管理在技术上的投资要物有所值,这点很重要。因此,越发明确的是,技术将更能控制管理,而不是管理能驾驭技术。通常,坐在行政套房中的高层管理者无法有效地评估 IT 主管,因为 IT 主管拥有自己的领地,这块领地上别人无法挑战他们的权威。重大系统的升级方案总能得以通过,是因为它们事关战略发展,如果有一件商业案例要讨论,升级方案通常在此之后被顺带提出,有时甚至被彻底忽略,不予讨论却准予通过。恰恰相反的是,管理者乐于对广告进行评论或批评,因为他们认为,既然他们以消费者的身份看了广告,他们就是这方面的专家能手。这也是体育迷们的误区:只是观看某项运动并不能让你擅长这项运动。尽管广告审查非常详尽,每年要花费4 500亿美元,但这也只占 IT 工业支出的1/3。管理者只会评论他们熟悉的内容,而不会评论重要的内容。

IT 的销售是典型的基于恐惧的销售:如果你不买,你的公司就有倒下的危险。极少数管理者会做好承担这种风险的准备,或有能力对该风险进行评估。相比之下，IT 的顾问和卖主更倾向于支持 IT 主管，而不会对技术投资的需求进行公正，甚至批判性的评估，因为主管们是他们未来收益的来源。

然而，现有的数据表明，技术投资在很大程度上是一种浪费。最有名的证据是斯坦迪什(Standish)报告，该报告从 1994 年开始定期调查用户管理者，其主要发现是：

- 31%的 IT 项目在完成之前都被取消了；
- 53%的项目受到了“挑战”：它们平均费用是预算的 189%，耗时是预计时间的 222%，成功率只有原始计划说明书的 61%；
- 只有 16%按时完成，并且开支在预算金额之内。

这个发现反映出的巨大浪费，也不可避免地引发了争议。2007 年索尔(Sauer et al.)决定，项目的实施应由 IT 项目经理而非用户来进行评估。项目经理在某种程度上把他们自己评估得更好，这也不足为奇。关于 IT 项目最终结果，索尔的调查得出了如下结论：

- 9%被放弃；
- 5%超出预算；
- 18%未按日程进度；
- 59%是好的；
- 7%达到预期。

因为 IT 项目是公司内部的议案，所以究竟项目管理的好坏与否，很难得出一个客观评价。公司会非常骄傲地宣称他们的成功，而对于失败，他们悄然掩盖不让公众发现。曾经有一次，所有的公司不得不公布他们 IT 项目，结果令人瞠目。伟大的“2000 年”计划要求，所有电脑都必须为新千禧年做好准备。通过这个故事，管理 IT 的挑战便可见一斑。

“2000 年”计划的问题起源于早期的运算技术，那个时代只有有限的处理能力和存储器。为了节省空间，1972 年或 1968 年会缩写为 72 或 68。艾伦·格林斯潘（Alan Greenspan，美国联邦储备系统的主席，任职于 1987—2006 年）开始了他撰写编码（程序）的生涯，并回忆了导致此事的原因：

> 我们开始编写程序的时候，尽量使这些程序在空间和使用容量上有清晰的分界。我们从来没有想过这些程序在几年后仍会被沿用。所以，它们的文档记载极为有限。如果我再回头看一下 30 年前编写的程序，我会很难一步一步理清其逻辑。

公平地讲，没人想到这样的程序会被沿用如此之久，也没有人会预见这一节省开支的举措能导致大问题。一旦人们意识到，电脑会把 2000 年识别为 00 年的时候，那么各种噩梦般的结果便可以预见：公用事业企业会停止工作，核电站会运转失常，飞机会从天上掉下来，证券市场会崩溃，你会因租借 DVD 而收到91 000美元的滞纳金通知，因为根据电脑的计算，你已经逾期未还 99 年了。

发现一个数据被写成了“99”，然后将其纠正为“1999”似乎是件微不足道的事。然而，在 IT 中没有一件事是微不足道的。对于许多公司来说，他们的首要任务就是弄清楚他们所用的系统是什么。一家银行使用中的各种系统竟有 600 多个，它们的发现如同是对科技史一次大型考古发掘，甚至连 IT 部门也没有意识到有如此多的系统存在。不过，正如格林斯潘所说，很多系统都没有使用指南和文档资料。没有人知道它们在2000年时是会运作还是会失灵。

美国电话电报公司仅检查和更换相关电脑系统，就花费了9亿美元。这笔巨额开支的商业逻辑非常简单：你得不到额外回报，不能节省成本，无法改善服务，并且什么也改善不了，但是你还继续挣扎在行业中。像许多IT商业案例一样，“2000年”计划是一个既不吸引人，但令人完全无法抗拒的商业案例。据加特纳咨询集团（Gartner Group）估计，全球为“2000年”作准备而花费的资金达到了10 000亿美元。而这项投资的回报是零。

没有人知道如果10 000亿美元没有花费在“2000年”上会怎样：2000年过去了，只有些细微的故障发生，而这也很难证明所做的准备究竟发挥了作用还是完全没有必要。但是，意大利却给这个问题的答案提供了一个线索。美联社（Associated Press）在1999年11月报道，“意大利是西方准备最不充分的国家之一”。直到1999年春天，意大利才组建了政府专门小组深入地考察这个问题，他们似乎是在期待老天开恩有奇迹发生。他们的准备工作非常不充分，支出也很少。当2000年的钟声敲响时，意大利并没有爆炸，唯一后遗症就是他们在传统的新年庆典喝得太多。如果意大利的经历可供参考，那么花费在“2000年”上的10 000亿中，可能有9 000亿是浪费的。“2000年”的经历让许多公司产生了共鸣：

- IT投资通常是一个拙劣的商业案例，或者根本算不上商业案例；
- 即便是事后，也没人能确定此类支出是否必要；
- 甚至是细小的改变似乎也非常昂贵；
- 虽然管理者不了解IT投资，但也不敢提出反对意见；

- 公司虽然使用了大量的系统和应用程序，但是对它们却缺乏理解。这些系统和程序缺乏文档材料，致使任何进一步的改变都使系统的对接、整合极为困难。

管理对信息技术无法完全掌控，但管理者可以采取措施减少损失。IT 顾问认识到，有一些简单的途径可以使顾客确信他们大祸临头：

- 目标或商业需求不清晰，且没有商业先例；
- 在方案中定期地改变要求；
- 改变方案中的方向和管理方法；
- 不能迅速地作出决定。

索尔的科技调查很大程度上证实了这些发现，并且还指出这个工程越庞大，所需时间越长，效果可能越差。任何一个项目如果需要多于 200 人耗费几年的时间完成，那么它肯定不会像预期的那么好。考虑到这些发现，政府经常被卷入 IT 项目的惨败，这也不足为奇。因为与私营企业不同，政府是无法把这些惨败藏在大众视线之外的。

商业和信息技术之间的鸿沟加剧了后者的挑战。IT 人员和商人可能说同一种语言，但他们却无法理解对方。商界领袖需要在家里解决技术问题时，他们可能会大发雷霆或者是绝望地发抖。IT 部门的效率是很难衡量的，因为很多衡量最终都归结到一个简单的问题上来："我是否相信并且尊重首席技术官？"首席技术官仪表堂堂的话，商业领袖就会信任他们，相信他们的技术可靠。

科技怪物可能不会被完全掌控，但是它却非常重要。野兽永远无法被完全驯服，可相比驯服他们，管理者可以做得更多。首先，管理者需要增进 IT 方面的知识，他们可以参加培训课程、阅读相关报刊、和科技人员更多地交谈；尤其是危机出现的时候，他们更应如此。管理者不需要知道答案，他们只需要知道问题就可以了。如果他们能在适当的时机提出适当的问题，那么他们就会进步。如果我们把索尔发现的问题反过来看，我们可以通过一些简单的举措防止 IT 项目垮台。

- 让商业驱动技术，而不是技术驱动商业：首先要弄清楚是商业需求和商业目标；
- 花时间去理解需求，取得一致意见后坚守这些需求，切忌更改；
- 不要改变管理方法：保证由始至终都是只有一个团队负责；
- 迅速作决定；
- 将项目控制在易于管理的规模：如果需要，可以把大的项目分成较小的模块。

没有任何事情可以保证成功，但我们可以降低失败的风险。

如何驾驭技术在商业中的应用

人类总是同信息和交流作斗争。几个世纪以来，人们不得不应对信息和交流的匮乏。如今有史以来第一次，我们必须应付过量的信息和交流。我们只是刚刚开始学着如何处理这些过量的信息和交流。在很多情况下，处理过量的信息和技术就如同应对技术匮乏一样，困难重重。

想要理解信息革命的范围,我们应该迅速回顾一下前人,看看在信息革命之前他们是如何处理这些问题的。在印刷机问世之前,书本是非常稀缺而且珍贵的商品。一位修道士可能会穷其一生制作《圣经》的复制本,每一个字都是极其宝贵的。在更久远的过去,汉摩拉比(Hammurabi)发布了第一部被记录下来并且被保存至今的法典。法典被逐字刻在石头上,如今仍可辨识。该法典包括 282 条法律,涵盖了诸如从租船成本到买了残疾的奴隶后讨回钱财等所有细节。这样简朴的法律已经历时久远。1999 年,托利(Tolley)关于英国纳税问题的指南一共有4 336页,其中充满了让人难以理解的、浮夸的法律术语。到 2008 年,该指南内容又翻了一倍,达到了10 134页之多,其内容都是非常严肃的。我们已深陷于信息超负荷的时代之中。

一个信息不足的世界就是一个知识贫乏的世界。几千年来,宗教和迷信取代了科研探询。当伽利略提出了地球可能不是宇宙中心时,教会用酷刑及逐出教会等手段逼迫他收回自己的观点。迷信和宗教填补了知识的空缺,信仰替代了理解。信息匮乏与知识空洞并存,结果就是了无进步。行业中组织成了同行商会,师傅把知识传递给徒弟。这个体系的目的就是为了保护和传递知识,而不是为了更新知识。

信息贫瘠的世界也有诸多好处,因为它意味着交流是非常宝贵的。直至今日,马里(Mali)的主要农业部落班巴拉族人(Bambara)还认为:“语言有如上帝。你可以用语言在人们的脑海中创造一个全新的世界。语言可以让人们做任何事,所以我们要尊重语言。一个睿智的人语言简洁但是内涵丰富。”然而,今天的情况与这种观点迥然不同。信息给我们带来了过多的负担，我们很难在喧闹的日常交流中区分出话语的真正含义。

在这个信息超负荷的世界里，我们必须反复思索我们对信息和交流的臆断与假设。更多不再意味着更好，我们面临的主要挑战，在于管好信息和交流的数量与质量之间的关系。

如果我们能把这些事情处理好，技术便可以很好地为商业服务。如果无法很好地掌控它，技术就会成为我们的主人。在工作中，它会一天 24 小时、一周 7 天地束缚着我们。我们无法逃离最后期限所带来的压力，无法逃离责任，无法逃避来自另一个时区同事的紧急邮件。

由于技术让我们可以做得更多，我们也认为应该做得更多。这种看法是个灾难，它致使在现代社会中人们疲惫不堪——他们一天 24 小时、一周 7 天随叫随到，承受着持续的压力。这一点我们众所周知，却没有改善。

制作幻灯片也带来了灾难。很久以前，做现场演示是一件很了不起的事情。如果需要提供图表或者说明性图片，我们要专门雇用一位图表设计师。因为时间珍贵、费用高昂，所以每一张幻灯片都是精心设计的，现场演示的过程也很短。如今，为一个现场演示我们可以制作出 200 张图表华丽、视觉效果绚丽的幻灯片。冗长、浮夸的幻灯片让人生不如死。长短决定了一个现场演示效果的好与坏：越简短越好。演示的真正结束并不是无话可说的时候；相反，其最高境界是简明扼要，没有废话。简明扼要不是那么容易就能达到的，这要求我们注重最重要和最必要的信息。这就意味着，优秀的现场演示如同钻石，其品质来自于纯熟精良的切割。

电子邮件的痛苦有三个版本：电子邮件超载、电子邮件压力和电子邮件战争。

- 电子邮件超载不仅指我们的电脑充斥着药品、减肥产品、伪劣手表的广告以及病毒的邮件。更糟的是，我们还会收到合法公司发来的垃圾邮件。传统的"蜗牛"邮递速度极慢而且耗资昂贵，每封信对于收信人和发信人来说都很重要。发电子邮件就没有这方面的费用。电子邮件的内容多是琐事，我们发送和复制电子邮件，不是因为我们确实需要，而是因为我们有可能会用到它们。我们每天能收到 100 封邮件，或许其中有 5 到 10 封是有实质性内容、需要我们注意的。因为我们能够复制，故而可以轻易地发送电子邮件，于是我们就大量地发送电邮。过去，沟通的基础是了解的需要；而现在，它基于一种可能的需求，或更确切地说，基于一种防范的需要。其结果是，电子邮件并没有节省时间，反而占用了更多的时间。为了防范可能遭受的批评，每个人都深陷于电子邮件的发送和回复之中。
- 电子邮件的压力源于它对人们每天 24 小时、每周 7 天的束缚。工作的要求如同是由手机和电子邮件形成的电子锁链，让人无所遁形。过去，火车和飞机提供了一些喘息的机会，可是好景不长，这种暂缓只持续到黑莓的入侵。那之后，我们随时都能被找到，即便是在假日，我们也害怕失去联系。事实上，所有的管理者都是可有可无的。也许正因为这个原因，我们害怕失去联系，所以，我们骄傲地戴上了自己的电子锁链，甚至还与其他管理者竞相比较，看谁拥有最现代和最有效的工作锁链。在电子邮件和手机问世以前，管理者不得不学会委派、安排和为假期做准备的技巧。那时，这些技巧都行之有效，因为一位管理者离开一小会儿，世界不会因此而坍塌。

- 在我们交谈停止的时候，电子邮件战争就开始了。走进办公室你会发现，人们在房间里可以互相看到对方，却要彼此发邮件。然后，他们发现误解就此产生。为避免误解并自我保护，他们要用更多的电子邮件，事无巨细、全力澄清，而这样做只会激怒邮件接收者。电子邮件战争因此爆发。一次旧式的50秒的谈话，可以建立起电子邮件无法实现的信任和理解。因为我们能发送电子邮件，而它比走到办公室的另一头不过少用几秒钟的时间，结果我们却选择了使用电子邮件。

小　结

现代管理学的发展历程中，我们一直在寻找更多、更好、更快的沟通信息的方式。管理者的愿望实现了，而他们正因此而受惩罚。我们从信息匮乏时代来到了信息泛滥的时代。信息，如同无法停歇的枪林弹雨，将我们淹没。技术在帮助我们的同时也在伤害我们：它提高了生产力，但也提升了预期。技术的益处并没有被管理者获得，而是被生产力更高的公司和享用更好服务的顾客所收获。

因为有能力把技术用到极致，所以管理者觉得必须如此。可我们并不应该因为能做到某件事，就一定要去做它。我们开车1个小时能跑200公里，但这并不意味着我们就应该这样做；我们能用信用卡买很多东西，但或许我们不该这样做；我们能够发挥技术的所有潜能,但可能我们并不知道怎样才能更好地利用它。对技术最有效地利用是尽量少地利用它,而不是更多的使用它。技术,应该成为我们意愿的奴仆,而不是我们的主人。我们已经学会了怎样创造出色的技术,但我们还没有学会如何控制它,它如同不羁的野兽,尚未在我们的控制之中。

200 年来,技术一直在改变着社会和工作。一波接着一波的创新改变了生活,也改变了我们工作的方式。创新的脚步不会放缓。管理者面对的挑战是与时俱进,跟上永不停歇的技术革命的脚步。

第六章

知识:从无知到公司解构

知识呈现给我们一个悖论:论及人类知识的总和,与祖先相比,我们整体上更聪明,但个体上却更无知。公司同时受益于也受制于这个悖论。或许,我们首先需要解读这个悖论,其次才能理解公司如何来对待这个悖论。

基本上每 20 年,人类知识的总和就会增长 1 倍。与信息的发展一样,我们从知识匮乏的时代,进入知识过剩的时代:知识太多,以致过胜,任何个体都不胜全解。祖先依赖于迷信来填补知识的空白,而我们却依赖于各种专家,或者谷歌搜索。为了更具体地说明这种差异,以中世纪的农民作比较。农民基本上自给自足日常所需:如果某样东西出了问题,他们自己就能将其修复到可使用的程度。我们现在拥有的比农民要多,然而对于如何满足日常所需却毫无头绪,不论是汽车、移动电话还是塑料购物袋。而且,一旦这些东西出了问题,我们要想去修复就很不容易;可是,我们拥有一根叫做信用卡的魔杖,挥一挥魔杖,就会有专家来帮我们修复。

在中世纪,一个受过教育的人大概掌握人类知识总和的10%。假定在刚刚过去的300年间,人类知识每20年就翻一番,那么人类知识的总和增长了30 000倍之巨,没有人能跟得上这个速度。每个人掌握的知识不过是人类知识海洋中的沧海一粟。因此,即使比中世纪的农民受到了更好的教育,我们现在也变得相对更加无知:所掌握的知识更不及人类知识的10%。人类知识的总和愈增长,我们的无知也相对越严重。在人类浩瀚的知识海洋中,专业知识只是星星点点的岛屿。

人类知识的整体增长带给每个人的益处是巨大的:从口腔到其他方面的医疗保健,空调、电影、汽车、飞机和通信,即使过去最伟大的君主也难以想象我们现在的生活方式。知识是不可能退步的。我们现在的知识将构成后世子孙们遨游人类知识海洋的基石。当我们带着不解回顾中世纪的农民时,总会纳闷他们是如何生存的,而后世子孙也基本一样会觉得我们的生活方式过于原始。

资本主义的进步是与知识的进步齐头并进的。资本主义被描绘成一锅汤,这锅汤主要以专业化知识为原料,其中分散着一些个体知识。随着知识的增长,专业化也在进化:作为个体,我们对曾经的未知也有了更多的了解。人类知识的总和呈指数型增长,而没人能跟得上这个增长速度,这是公司和个人要面临的共同挑战。跨越更宽广的知识网络进行更深层的合作是必需的。知识的专业化和协作性改变了公司和个人的工作方式。个体在技能方面更为专业化,公司亦是如此。专业化的公司与综合化的公司正好是相对的,综合化的公司以100年前的福特为代表。而现在公司不再整合,而是处于解构中。

解构中的公司:知识的合作性与专业性

日益专业化是不会改变的趋势。公司不能指望在自身价值链的每一个环节上都做到专业擅长。正如国家受益于比较优势的原则(苏格兰可以用威士忌交易葡萄酒,便不需要自己种植葡萄酿酒),公司也一样会受益于比较优势。例如,并非每一家公司都能够或者需要在信息技术领域成为翘楚。在信息技术领域有诸多专业公司,正是因为其专业性,这些公司掌握时下最优的技术,知道如何获得最先进的能力、软件和硬件,他们也致力于不断提升雇员的技能。制鞋商是没有理由必须具备专业信息技术的。所以,专业化是显而易见的结果。

公司不能再像中世纪的城邑一样,以城墙的高度来判断实力的大小;公司的实力源于自身的网络。公司的网络从封闭走向了开放。这是一种基本转型,现在仍在进行中。我们有望看到公司越来越开放,并创建更宽广和更深层的网络。公司不是整合公司内的整个价值链,而是只专注于价值链的某一环节进行解构。当福特启动生产革命时,他整合了整条价值链,从为生产汽车提供所需木材的森林到销售汽车的分销商。公司的竞争优势不再是整合,而是来自于专注。用大师的话说,专注是核心能力。一项核心能力的根本,在于某一领域精深的专业化,而这种专业化构成了跨越不同市场的优势。本田在发动机领域(汽车、摩托车、割草机、舷外马达)的专业能力经常被引以为例。

通过知识、专注或者核心能力来构建优势根本不需要花里胡哨的理论。成功的公司都在自然而然地实践着。比如，戈尔公司(Gore)在处理聚四氟乙烯(PTFE)时发现，它具有几个有趣的物理特性：抗水性，尤其是在较低的温度下；不容易起反应，摩擦力非常低(相对于炼钢的0.1)。正是对一种聚合体的高度专业，戈尔公司建立起了20亿美元的全球业务，包罗万象，从户外防水服到光缆组装、太空用管线。对有全球业务的公司来说，专业化和知识深度是实践中不变的命题。

如此深度的专业化也有风险。从竞争力角度来看，所有的利基玩家都面临一个风险：新玩家会带着更好的捕鼠器加入游戏。戈尔公司面临着来自杜邦公司的有力竞争，后者从同一种聚合体PTFE中派生出了特氟隆(Teflon)。随着专利保护期的结束，戈尔公司同时还面临着低成本的竞争。为了继续保持领先地位，戈尔公司必须不断创新，加深在PTFE使用方面的专业化知识。

为了竞争，公司必须积累知识——他们必须创新，把新的理念推向市场，不仅是科技理念，还可以是实践理念。咨询公司的大部分价值在于他们带来的实践理念。除非可以不断地更新知识，否则他们的技能会迅速过时。本质上来说，有三种创新及向市场推出新理念的方法：

1. 自上而下创新：设计创新；
2. 内部合作：通过发现进行创新；
3. 外部协作：通过网络进行创新。

知识的创造和创新已经从自上而下创新的方式转变到外部合作的方式：这是管理革命的另一个方面。知识的创造已经彻底发生了变化，从内到外，从上到下。有的组织已经完成了转型，其余的仍然被困在 19 世纪。下面，我们一起简要地浏览前面两种创新方式，而后全面了解第三种创新方式。

自上而下创新

自上而下创新和知识创造的方法假定聪明的人会调查问题并设计解决方案，这种方法是启蒙运动的自然产物。一直以来，这个模型运转得非常好。科学和医学的进步多亏了比如艾萨克·牛顿和约翰·斯诺这样的人，是约翰·斯诺发现了霍乱是通过水而非空气来传播。然而，随着人类知识总和的增长，即使是那一小部分聪明的人也越来越难给所有问题找到答案。在一家公司内部，自上而下创新遭遇到了一些基本的阻碍：

风险规避弱化了创新：没有人会因为错失机遇或者悄声地扼杀理念而被“炒鱿鱼”。很多人却因冒险或者事情没办成被解雇，或者会被发配到西伯利亚去做厕所保洁。

官僚主义进一步加强了风险规避，因为创新要得到所有的批准才能创新，这实在太难了。以问题的形式对新理念提出建议，是官僚主义者的自然反应，而他们的问题往往放大了新理念存在的诸多问题，结果新理念则例行地被扼杀。

任何一个居高位的人都不会了解所有的问题、机遇和理念。市场太大，而且相当复杂。没有任何人能垄断智慧或思考。然而，有些组织机构仍然是一言堂。政府部门和官员们自认为他们无所不知，所以制定了很多新政策。这种自大通常会以灾难性的后果和财力的浪费而收场。政府的社会思考可以通过私营企业的企业思想反映出来，这些公司仍然用19世纪的思维模式管理，坚信老板了解一切。

当然，也有例外，有些自上而下的创新能够有效地执行。其中，最引人注目的例外便是创业家的圈子。在这个圈子里，一个人或是一个小团队，会创新出一个大理念甚至是拥有更大的雄心壮志。一旦这些理念取得成功，创新者会被冠以天才的美誉。但是更多数的创新者会以失败告终。这表明伟大的创新不是设计出来的，而是通过市场的残酷测验被发现的。即使是那些首战告捷的创业家，也很少会有第二个伟大的创新。如果他们真的发现了创新法则，那他们的成功肯定不止一次。我们理应为这些创业者的勇气和决心鼓掌，却不能想当然地认为他们找到了创新的魔法。即使是创业家，也不能独占智慧或思考。在知识经济中，自上而下创新的势头越来越弱。

内部合作：发现创新

公司是由上千个专业技术的岛屿组成的。要想取得成功，知识和技能的网络必须共同发挥作用。这也直接促成了当代组织革命的另一特征：公司的运作方式必须从命令与控制转变为协作和承诺。老板不再是无所不知，他要组织员工共同发现问题的解决方案，这意味着老板必须与员工、同僚和公司内外的合作伙伴共同工作。这是一种全新的工作方式。

几年前，大师们开始推进知识经济和知识型公司，首席知识官（CKO）风靡一时。知识管理作为独立的业务功能，仅仅是首席知识官的职责。而现在不同了，正如质量管理的职责不能仅划分给质量部门，公司也无法再把知识管理单独划分到某一个部门：知识和质量都是需要举公司之全力来管理的。知识官的角色是要在公司全面地调动和整合知识创新。

知识管理最早期的存在形式是网络知识库或公司黄页。这也聊胜于无。这种存在形式使得好的理念可以不断在公司涌现，从而降低了对创新的正式流程的依赖，而且有效地辨识了存在什么知识以及谁拥有它。最有用的知识不是显性的（知其然），而是隐性的（知其所以然）。获得隐性知识需要和人一起工作，而不是与网络一起工作。这直接导致了全球协作和整合的问题出现——即使知识已经存在，对知识所有者来说，也缺乏激励措施促动他们利用自己的可支配时间，帮助其他业务或职能部门运用这项知识。

公司把知识和最佳方法进行系统化整理，此方面的证据充其量说是正反参半。用于稳定流程或者产品的技术知识是可以进行系统化处理的。例如，有关新药物的知识不仅需要经过系统整理，还要申请专利保护。问题在于，除非申请专利保护，否则显性知识是可以被复制的。假如被亚洲公司复制了，以其仅占西方公司10%的劳动力成本，那么赢家就只有一个。在金融服务中，将一家银行刚刚推广给客户的产品仿制成另一种全新的产品，仅需几个小时。要想在知识竞赛中领跑，公司必须做到以下其中一点：

- 比竞争对手创新更快；
- 申请专利保护知识；
- 开发难以复制的秘诀技能。

显然，某些公司，比如医药公司，本来是产品专门开发机构，后来成立公司，才能够享受专利保护。大部分公司的产品市场是不能受专利保护的，他们只能通过另外两种方式进行知识竞争。其一是比对手创新更快。假如整个创新的负担都由内部承担的话，这将极其辛苦，难以为继。大多数内部创新遭遇了滑铁卢，与自上而下创新的失败如出一辙，都是由于过分地规避风险和惧怕失败，另外官僚主义又助了一臂之力。传统的解决方案是，创建一个独立于公司官僚主义之外的科研重地，这里没有常规的羁绊和扼杀内部创新的恐惧，研发人员可以更快地进行创新。

在实际中，通常放眼于公司外部，更容易寻找到知识、解决方案和创新。外部合作伙伴可能早已克服了前期的阻碍，搭建好了创新原形，理念也经过了市场的检验。大部分前期设计和开发已准备就绪。公司越来越重视他们的知识、理念和创新的网络。知识沙皇们的眼光不再囿于公司内部，而是放眼外部。外部创新的内容将在稍后论述。

第三种选择是开发独特的专业知识，这更加难以复制。专业知识可以是任何有效的技能，从有效的全面质量管理（TQM）到专业服务公司内部的最佳方法信息分享。这种选择的挑战在于，人们不仅要获得知识，更要传播知识。大多数专业公司的情况是，所有的技能是由少数人和少数国家提供的。通常，主要的信息贡献者遵从我们熟知的顺序：美国，其次是英国，再次是其他的欧洲国家，最后是世界其他国家。这样带来了两个反作用，其一，源于其他国家的创新和知识无法完全获得；其二，盎格鲁·撒克逊国家的主导地位导致了世界其他国家“舶来品”症状的蔓延，认为什么都不是自主发明的，从而对知识产生了怀疑。

专业知识不存在于系统中，而在于员工本身。鉴于此，最有效的知识管理与系统、知识库以及知识沙皇无关，而是与人力资源有关。

人力资源根据项目、任务甚至是派驻海外的需要，对人员进行调遣。这种方式很昂贵，但却是推动观念普及的最佳途径。理念所有者不得不将理念进行本土化，而当地人在看到理念和理念所有者时，更有可能克服自己的怀疑感。

外部协作：网络创新

专业化不是在封闭环境中取得成功的，而是在仅作为知识网络的一部分时才可以实现的。也就是说，公司的本质发生了根本改变。如果公司不再事事囿于内部，它就需要搭建一整套新的能力体系，把知识和能力系统发挥到极致。公司关注的焦点也从内部控制转到了外部协作。我们可以通过至少以下 5 种途径来运用知识网络的力量：

- 创建联盟，使竞争对手和合作伙伴之间的界限模糊化；
- 通过收购来积累知识，而不仅仅是扩大规模；
- 选取价值链上的某个环节，然后与其他组织合作实现价值链其他环节的价值；
- 与供应商建立合作关系，而不仅仅是买卖关系；
- 与客户共同创造和合作，进行创新。

下面，我们逐一看看这 5 个知识网络的案例。

创建联盟，使竞争对手和合作伙伴之间的界限日渐模糊化

宝洁公司的联系与开发（Connect and Develop Programme）项

目，跟竞争对手与合作伙伴一起，积极搜索技术进行引进和输出。在任何时候，他们都积极搜索自己的知识网络，寻找高度具体化的解决方案，比如保湿技术、缓解脱毛疼痛的专题产品或成分以及一次性祛斑产品。同时，宝洁又利用联盟来开发工艺技术。比如，它的"可靠性技术"就是与洛斯阿拉摩斯国家试验室（Los Alamos National Laboratory）合作的成果。可靠性技术现用于宝洁在全球的 150 家工厂，每年为公司节省 10 亿美元。宝洁不仅引进技术，同时也向其他公司输出技术，包括竞争对手。宝洁推出诺达克斯技术（Nordax）的使用许可，这项技术可以从再生资源中提取二元共聚物。宝洁自身不生产塑料，所以这项技术由美瑞琁（Meredian）来开发更加合适。正是通过积极地运用宽广的网络，宝洁才能全力专注于对自身而言最为重要的几个领域，并成为这些领域的知识领导者。

通过收购来积累知识，而不仅仅是扩大规模

IBM 公司在 2004 年至 2008 年间以区区 200 亿美元完成了 60 宗收购。这些收购不是为了扩大公司规模，而是为了在以下几个目标领域积累相关知识：存储与安全、云计算、商业信息和交易流程。即使是 IBM 也认识到仅凭借自身的资源，无法在内部建立这些知识体系。通过收购来引进这些经过验证的知识是更好也是更快捷的方式。

选取价值链上的竞争点

苹果公司的 iPod 业务使美国境外的27 000多人获得工作，但其中仅有 300 人是苹果的雇员，另外19 000人是为合作伙伴的公司工

作生产硬盘驱动、显示模板、处理器芯片、电脑芯片以及零部件的组装，还有8 000人在提供零售、工程服务和专业服务的合作公司工作。尽管只专注于价值链的很小的一部分，但是苹果仍然全面负责 iPod 业务。

与供应商建立合作关系，而不仅仅是买卖关系

由于公司只专注于价值链的某一部分，所以对价值链其他环节的专业知识更加依赖。供应商不能只简单地提供商品，这样有可能在竞标中出局。现在的趋势是，供应商不仅成为供应链而且是知识、设计和创新链的基本组成部分。例如：

- 汽车制造商削减供应商的数量，因为他们需要与少数关键供应商建立更加深入的合作关系。根据贝恩公司估计，在 2002 年至 2010 年间，供应商总数将从 600 家降至 30 家。
- 弗罗斯特和萨利文（Frost & Sullivan）预计，在 2009 年，全球的信息技术外包市场将达14 300亿美元。这代表了公司理念的巨大飞跃，他们正将自己的核心运营托付给第三方。信息技术公司，具备大部分公司不可能也不会开发的专业知识。这种基于专业技术的合作关系，将传统的买卖关系彻底反转：结果买方更加依赖于卖方，而不是以前那样卖方依赖于买方。这种建立在互相信赖基础上的长期伙伴关系取代了传统的、对立的买卖模型。
- 诸多的第三方定制应用程序，使苹果的 iPhone 更具有吸引力。苹果公司并没有将 iPhone 据为专利所有，而是将其打造成为一个对其他合作伙伴充分开放的平台，并从他们的开发中汲取力量。

把客户当成合作伙伴

利用客户的知识来创新和发现新的机遇。这是文卡特·拉马斯瓦米和密歇根商学院的人都推崇这片共同创新的沃土,他们认为客户是最关键的知识合作关系和创新的源泉。传统来讲,市场创新就是制造方尝试理解和回应客户的潜在需求并不断地实验和改正错误的过程。国际香料香精公司(International Flavors and Fragrances)就把这个问题彻底倒转过来:他们省却了烦琐的猜测工作,让客户按自己的需求设计相应产品。国际香料香精公司帮助食品制造商生产食用香料,通过将机器与应用网络连接,允许重点客户自行创造和自动实验他们自己的香料。

所有这些趋势有着异曲同工之妙:无一例外,成功的公司都积极参与,开放自己,投身开发更宽广的知识网络。孤岛型的公司是不可能成功的,只有化身为知识网络的一分子才能取得成功。与整合的、命令和控制模式的公司所需的技能相比,知识网络有效运转所需的技能有所不同。对待风险和创新的态度使协作变得日益重要。同样,对工作目的从战略上进行明确,要求我们必须讲究规则和学会专注。一旦某家公司对知识网络开放,将会出现大量的机遇以及在开发这些机遇时出现的管理能力匮乏。而管理的要务在于调动知识网络使其专注于最大的机遇。

知识经济和脑力劳动者

在知识和能力网络中,正如公司会变成专业化的岛屿一样,管理者也会越发专业化。尤其在自身技能方面,管理者更是要专业化。例如,25 年前,一个管理咨询师在一年内涉及通信、石油化工、私人医疗保健和金融领域,从事战略性的、变革、组织方面和运营方面的工作,工作的国家从沙特阿拉伯到遍及欧洲和美洲,这都是合理的。而今,客户期望顾问能提供专业专门的知识。某个咨询师可能会发现自己花了整整一年的时间,竟然仅仅是找到了几个案例,来说明英国人寿保险公司的信息技术项目。而在年底的时候,他发现在这个晦涩的领域,自己已然成为一名世界级专家,而公司也希望他能继续走自己的专业化道路。个人职业发展道路就是如此。

职员的专业化,对公司而言具有很高的价值,而对自身而言可能是巨大的陷阱。经营业务需要全面通用的管理技能,而深度的专业化对此基本无益。即使是从娴熟的技术专家发展成为前沿的技术导师,这也是许多专家无法逾越的障碍,因为两套技能的体系南辕北辙。想成为成功的专业图书管理员、系统分析员或会计,技术能力非常重要。如果专家想要成为管理者,那么,相对于管理和政治技巧来讲,专业技术则没那么重要了。对公司而言,他们的挑战是如何为未来打造恰当的技能体系。专业知识价值很高,本质上来说,它们是显性知识或者说是关于"知其然"的技能,而且可以系统地整理成书、课程和知识库。而许多管理技能则属于隐性知识,这些关于"知其所以然"的知识较多依赖于情境和个人风格,而这些很难形成文字、写入手册，也很难从书籍和课程中习得。

隐性技能蕴涵于或优或劣的个人经验之中，也蕴涵于对他人的观察之中，包括同行、角色模型和老板。这意味着，尽管变化太慢难以满足许多管理者的预期（见“管理者”一章），但是技能培养的本质在发生改变。在旧的技能培养模型中，培训师就是个授权的理论传授者，对着活动挂图纸上谈兵。但是，如果人们喜欢相互学习，而不是从理论中学习，那么帮助员工按他们喜欢的方式学习也不无道理。技能开发的关注点不再是培训，而变为帮助人们发现在具体的情境中什么样的能力更适合自己。这意味着我们需要提供更多的结构化的项目和经验、更多的辅导和指导、更多的同事研讨小组和最佳实践培养以及更少正式培训。与只凭借其原创观点和引人入胜的讲课方式就简单地付钱给培训机构相比，这类知识开发要难得多。

管理者的问题在于，管理理论型的知识不是很有用，而且通常很有风险。现有的战略、财务、领导学和会计理论框架要么有缺陷，要么就误导人。许多管理者声称他们很实际，不会被商学院在理性和学术方面的连篇鬼话所影响。而伟大的经济学家凯恩斯（Keynes）持有不同意见。他写道：“办事的人，自以为没受到任何经济学家的影响，实际上是某个已故经济学家（亚当·斯密）的奴隶。”管理者通常下意识地成为了简单公式的奴隶，其实这些公式真正起源于商学院或咨询公司。

管理者最需要的也最看重的知识来源于判断、经验和专注。在特定情境下，什么知识最有用，完全来源于个人经验。然而，在培养领导和打造知识方面，管理者和公司都不会依赖于长期随意的经验。通往知识的旅途必须是有结构可循的。有效的知识管理将在个人的学习过程中搭建结构，并将这些知识放置于特定的情境之中。在探索之路上，现有的框架可以成为个人的基石，但却无法替代个人需要进行探索。这说明，技能开发从传统培训中剥离是根本性的，只不过公司理解这些要缓慢一些。

小 结

在人类浩瀚的知识海洋中，公司是星星点点的专业岛屿。知识经济公司的专业化，也推动着公司在价值链上越发专业化，更好地与价值链之内和之外的合作伙伴进行协作。公司必须要充分挖掘这片知识的海洋才能创新，不断成长。知识创新不再是由公司内部或自上而下进行的一项活动，并非几个聪明人就能解决公司所有的问题。任何公司或个人都无法凭一己之力垄断智慧。公司从封闭的整合系统转变成为开放网络的一部分，由内而外发生了彻底的改变。

公司如是，管理者亦如是。管理者在个人技能方面越来越专业化，而这改变了他们借以成功的能力。看传统的命令和控制管理模式，协作与网络知识的能力越来越重要。管理者需要调动组织内部不在自己管控中的其他管理者，运用他们的技能才能促成事情成功。

在知识经济的作用下。公司发生了翻天覆地的变革。相对以往来说，掌握知识与权力的平衡才更为激动人心，也具有前所未有的挑战。

第七章

组织：从遵从到承诺

30年前，一本书的出版风靡管理界——《追求卓越》(*In search of Excellence*)。麦肯锡公司两位年轻的咨询师似乎找到了促使组织成功的灵丹妙药。趋之若骛的管理者从这公式里提炼出诸多现成的观点，这造就了管理学的巅峰。

这一代人之后，许多卓越的公司似乎背离了卓越的公式，他们被那些不怎么卓越的公司接管或取代。另外一些公司，在过去的30年中不懈地追寻卓越，然而成功却一直犹抱琵琶半遮面。卓越如此躲躲闪闪的原因就是——它根本不存在。

在前言中，我们了解了卓越的公司是如何半途而废的，美国和英国的顶级公司仅存活20年，每20年就约有半数的卓越公司破产或被接管。正如电路城和房利美一样[两家公司在《从优秀到卓越》(Good to Great)中都有撰述]，太多的公司从优秀成长到卓越又沦落到破产。或许，卓越和优秀不是我们应该追寻的目标。

大多数公司里的大多数管理者，都不是绝对优秀的。公司总部向来都是外表光鲜：镍铬、玻璃和钢铁打造的壮观的外形。而里面的现实却有些平凡无趣：多数管理者日复一日地面对堆积如山的邮件、例行的会议、竞争中你追我赶、处理误解、避免各种大小危机、疲于奔命地在最后日期前交付、巧妙协商以求目标实现以及尽量地平衡个人生活与工作。凭借自己的速成公式，每一位新大师都试图抹掉这种现实，不断承诺实现令人窒息的完美。

与走向卓越不同的是，从小格子间迈向高级套房的晋升之路可能会越发艰难。昔日组织生涯的确定性，被新时代的不确定性、模糊性和机会所取代。传统的功能型机构是一个充斥着确定性、明确性和一致性的环境，这种环境在发展缓慢的官僚主义机构中仍然存在，比如中央政府和人寿保险行业。而在其他地方，这种环境正在消失。最好的情况是，官僚主义机构在公平和效率两个天使的引导下发展；而最坏的情况是，在规则的约束下，官僚主义机构被“效率低下”和“死板僵化”两个魔鬼所困扰，无论对市场还是变化都毫无反应。

古谚说得好，组织使平凡人成就不平凡，而现实却常常相反。许多组织使不平凡的人业绩平平。那些在社区和家庭中富有活力、雄心和创造性的人们，把他们的才能和精力都留给了家里。对公司来说，如何最大限度地激发人的才能是老生常谈。与以往不同的是，现在的挑战日益艰难，公司该有的应对方式就是迎接挑战。挑战的核心在于需要把遵从文化转变成承诺文化。公司宣扬激情、授权、愿景与价值。然而在实际中却并非如此。现实情况中，公司对员工的信任不是越来越多，而是越来越少。管理者凭借技术手段能够更好地控制和了解是谁在什么时候什么地方干什么。技术手段和对目标的迷信,使这种控制愈演愈烈。眼前的困难在于要平衡技术的力量和人的力量,技术是要推动人们,而非控制他们。然而,把技术和人结合在一起却越发不容易。

组织的有效运转变得越来越难,有以下四个主要原因:

- 以企业再设计为代表的提高效率的方法,削弱了管理队伍,同时使组织变得更加复杂,因为管理者不得不兼顾跨业务(跨流程)和部门内部的管理;
- 需要更加灵活地适应客户、竞争对手和技术变革;
- 全球化和价值链细分程度越来越高。以往,管理者需要的大部分资源存在于公司内部,而且是本地资源。而今,关键资源可能由外包获得,或者即使是公司内部的资源,也可能处于世界其他任何地方;
- 员工的技能和力量越来越强,这意味着员工的价值越来越高,需要更好的维护。旧式的遵从文化正在消失,而建立高度承诺的文化难度很大(奖励、标准、承诺、使命、价值等)。

或许因为管理太难,管理者很容易被大师所迷惑,盲目相信后者提供的达到优秀或卓越的简单公式。这些商业大师像占卜家一样,即使不了解问题,他们也知道答案。而且他们还信誓旦旦地说,将来你会发财,所以现在你得破财。在这场变革中,过去所有的规则和确定性被打破。我们不可能知道所有的答案,预知未来。反之,我们必须了解变革所提出的那些挑战。挑战主要有以下三种:

- 寻找适合与平衡,而不是卓越的公式。
- 管理一个更加复杂、规模不断扩大和全球化不断增长的环境。

- 从遵从转变到承诺，管理结构变革。

本章将就这些问题进行探索，并提出解决建议。

卓越的终结：寻找适合与平衡

执业管理者早就意识到了，对卓越的宣扬炒作和现实之间有着巨大差距。在现实中，卓越是一种仅存在于大师头脑中的海市蜃楼。过度关注卓越和优秀会产生的主要问题是：

- 对企业而言，卓越是个错误的目标，而利润、持续发展和市场份额都是可能实现的目标。卓越就像是美德、智慧和慈善，有之则美，但绝不意味着下季度你的市场份额一定会增长；
- 当管理者发现了横亘在绩效与不可能实现的理想之间的鸿沟，对卓越或优秀的追寻，要么就助长了他们的傲慢，要么就挫败了他们的士气，因为好比在圣诞节时身无分文地逛街看橱窗，却明明知道这些更美好的东西无法拥有，实在不是件让人舒服的事情；
- 卓越的公司遭遇滑铁卢，个中原因与那些不怎么优秀的公司如出一辙，如果真有成功的公式，那卓越这个公式一定不正确。

为了重申这点，我们看那些在汤姆·彼得斯和罗伯特·沃特曼的《追求卓越》以及吉姆·柯林斯的《从优秀到卓越》中精确定义的公司是什么情况。据 1984 年的《商业周刊》记载，在卓越搜寻进行后 5 年的时间里，彼得斯和沃特曼书中收录的 43 家卓越公司有 1/3 陷入财务困境。书中的高科技公司名单包括:阿塔利公司(Atari)、数据通用公司、美国数字电子公司、拉尼尔公司(Lanier)、NCR 和王氏,他们都走向破产,被历史所淘汰。如果他们曾经卓越,那谁还会追求卓越?

《从优秀到卓越》成书较晚,因而命运之神还未有充足的时间对此造成损失。然而,自 2001 年起,书中 11 个伟大公司的其中几个发生了一些状况:

- 电路城:2009 年倒闭;
- 吉列:2005 年被宝洁收购;
- 纽科钢铁:2009 年利润触及警戒线;
- 房利美:2008 年 9 月,依靠 1000 亿美元税收进行紧急救助。

如果卓越的后果是要融资救助、倒闭或者被接管,多数管理者可以放弃卓越,快乐地生活。相比之下,管理者更需要比理论实用的东西。

要明白管理者应该追寻什么,尝试一下下述练习。请设计完美运动明星或完美动物,则完美可能会是下面这样样子:

- 完美动物(食肉动物):鳄鱼的颌,大象的耳,长颈鹿的颈,雄鹰的羽翼,蝎子的尾,猎豹的腿,犀牛的皮和河马的姿态。在自身不可能之重负下,完美动物会迅速崩塌;
- 完美运动明星:篮球明星的身高,弓箭手的利眼,花样游泳队员的微笑,铅球投掷选手的手臂,举重选手的身体,划桨选手的肺,短跑运动员的双腿和足球运动员的脚。这样的完美运动明星将一无所赢。

现在我们来设计完美组织。像完美运动明星和完美动物一样，完美组织并不是由当下各种优秀公司的不同部分组合成的混合体。再考虑一下那些完美动物或者完美的运动明星。分而说之，他们都很好地适应了特有的环境或运动。在北极恶劣的环境下，驯鹿可以生存而狮子则会心存怨恨。把驯鹿丢进非洲丛林，狮子就要比在北极生存高兴得多。同样，优秀的运动明星是在某一领域很优秀：举重选手不会是优秀的短跑选手，优秀的马拉松选手很少会对美式足球有什么影响。凡事都有例外，但存在的规则是——卓越只是针对某一环境或某一项运动的。

我们不去追寻卓越，我们需要追寻的是“适合”：我们要发现什么适合当今的环境。这正是公司成败的原因所在——不是因为他们没有了魔力之粉，而是因为魔粉失效了而已。某一行业的圣经可能并不适用于另外一行。例如，成功的创业家了解甚至会欢迎风险，因为风险预示着机遇。而在中央政府，风险对政治家来说甚于毒物，它预示着威胁。那么，完美的组织是应该拥抱还是规避风险呢？恩，这取决于你所在的行业和行当。对风险的喜好，甚至是风险本身的意义，都是三百六十行，行行各不同。

下图中的数字表明以简单的形式说明两种公司的组织形式：一种是在信用危机爆发前，取得近乎疯狂成功的投资银行，另一种是品牌清洁剂制造商。

银行与制造商之间的基本差异是捕猎与务农的差异。猎人着眼于短期，食用猎物，有英雄也有（更多）恶棍，团队很小，利益相关方之间冲突很激烈（不论何种风险，追求利润最大化）。这是一个胜者为王的世界——赢了的人发大财，背运的或是无能的人卷铺盖走人。

	投资银行	品牌清洁剂
文化	猎人	农民
结构	团队利润为中心	功能型——市场引导
范围	利益冲突	复杂价值链
体系和标准	利润与风险管理	市场份额与利润
技能	雇用与解雇	内部建设与成长

这种对于投资银行的简单总结也突出了他们的致命缺点:风险文化和控制体系之间不平衡。组织单单适应外部环境是不够的,同时还必须平衡内部,它的文化、体系、技能、标准必须一致。

制造商跟银行截然相反:他们务农而非捕猎。务农者着眼于长远,市场份额高,打造可持续性的客户经销。尽管职能组织在市场营销和品牌的引导下运转,但合作是最基本的:品牌需要通过合作把内部竞争最小化,同时需要在职能部门之间以及与外部供应商及客户之间进行高度协调,才能成功打入市场。要实现合作与协调,则需要建立一支管理团队,这支团队能够根据经验得知如何在复杂的组织中实现目标。雇用与解雇不是积累以上经验的途径。相反,这种公司 100%的提拔都在内部进行。

对咨询公司而言,相比于教给企业八条朗朗上口、能帮其转型为卓越公司的口号,为企业度身提出如何取得适合与平衡的建议,更难也更复杂。管理者不应只遵循一个公式,他们必须创造属于自己的成功公式。这就是管理一直以来要求很高和激动人心的原因,因为它没有既成规则。

即使公司不去追寻卓越,他们也会被鼓励去复制最佳实践方法。

这与追寻卓越一样危险。从字面来讲，复制最佳实践的公司，只是追随者而不是领导者。等他们达成最佳实践的目标时，领导者早已更上一层了。最佳实践意味着，你跟那些早已比你优秀的人，比试他们往昔的优秀，这不过是低成就的最佳配方。

例如，在 20 世纪 80 年代，西方国家终于发现日本是个威胁，因而决定复制日本的最佳实践。这是一个注定要把汽车行业推向失败的实践。他们照搬全面质量管理或是持续改进(Kaizen)，或者像心脏移植手术一样移植些其他技术。要取得成功，你要么就全部照搬，要么就什么也别做。但更糟糕的是，西方对于技术是如何真正运作的理解存有很多缺陷，而他们正是基于这个基础，进行了早期对日本技术的复制。结果这个心脏移植手术，只是参考了一个从未做过此类手术的外科医生工作手册的一部分。所以复制日本并没有取得多大成功。每次西方国家以为赶上了日本，结果日本早已走在前面了。无论日本擅长的还是不擅长的，当日本人本身就是世界一流的——日本成为一个吃寿司、鞠躬和做全面质量管理的金牌得主。在成为日本人和学习吃寿司、鞠躬和做全面质量管理这方面，西方国家永远战胜不了日本。竞争优势不是源于对领导者的追从，而是来自相关方面的与众不同。

里卡多·塞姆勒(Ricardo Semler)告诉我们从正统管理走向成功的距离有多远。他自己的公司——塞姆公司(Semco)，经营传统的水泵和其他工业仪器。但是塞姆公司绝不是传统的守旧或正统，它把参与式管理推向了极致。工人自主设定工作时间和收入，自行雇用和评估主管，管理者没有办公室。企业转型向参与式管理是从公司餐厅开始的。工人们经常满腹牢骚。塞姆勒听闻后，把餐厅的管理权转交给工人自己,抱怨消失了。此后,参与式管理发展成为让工人自由选择工服的颜色或墙壁的油漆。工人得到的自由选择越多,他们的业绩就越好。这样做的结果是,2005 年塞姆勒遭遇了一场骇人的车祸,5 个月没有去公司,但公司业务轻而易举的经受住了考验。

塞姆公司所要传达的经验并不是让管理者都大撒把,让工人得到控制权——尽管很多公司都因此取得了成绩。他的经验是,任何形式的组织只要适合环境,取得了内部平衡,就会取得成功。

在全球化公司开展复杂的协调性管理工作

建设一个高效的组织不是日渐容易,而是越来越难。随着公司的规模和复杂性日益增加,协调工作的挑战也在变大。公司越来越复杂出于两个原因:全球化公司的崛起和重建。

全球化公司和全球供应链的崛起

公司内部也越发全球化,比如,进出口业务操作并非与国外合作伙伴之间进行,而是公司创造了自有的全球价值链。价值链的关键部分也是产生于公司内部的。经济合作和发展组织预计,在 1999 年,美国 46.7%的进口来自于公司间贸易。在与日本的贸易中,这个比例上升到了 70%,因为日本公司不再简单从事出口,他们控制了所有美国客户的价值链。在 1990 年到 1999 年间,日本和其他亚洲国家之间的公司间进出口贸易不只翻了一番。由于日本制造商的供应链,不仅向后延伸控制了亚洲,也向前延伸控制了美国客户。在像汽车制造业和消费电子业这些关键行业中，他们创造了自有的全球化价值链。他们可以在日本设计和制造一些关键零部件，然后在一些低成本的亚洲国家的子公司进行组装，最后出口到美国的全资子公司。美国公司也采用了这种业务模式。戴尔那样的公司，把产品放在爱尔兰组装而后销往美国。他们也像日本公司一样，创造了内部全球化价值链。

正如制造工厂在全球协调价值链一样，专业服务公司亦是如此。制造商把产品传送到世界各地，而专业服务公司把人和技能传送到世界各地。这导致了组织的复杂性。像埃森哲这样的大型专业服务公司，其共同点是组织融合各种业务（技术、变革、外包）、地理位置（亚洲、美洲、欧洲、中东和非洲）、行业集团（交通运输和旅行、财务服务、政府控制的企业）和客户。要为全球的客户提供服务，就需要整合世界各地和不同业务集团的技能。

从进出口转变到内部全球化价值链，这个逻辑可能毫无瑕疵，但要它运转生效却很难。有很多技术可以提供协助，比如企业软件和供应链整合软件能帮助整合跨供应链的交易；电子邮件和可视会议能协助进行管理上的沟通。然而，大多数全球化公司所始终面临的约束是，他们发现全球化工作很难。全球化公司方面的研究已经做了很多，而且水平也很高。但是，问题并不在于全球化公司高水平结构这一方面，但解决方案却是泛泛之谈，关注如何分散权力或集中权力（巴利特和戈沙著，《管理无国界》，2002，Barlett & Ghoshal *Managing Across Borders* 2002）。问题越来越实际，我们究竟应如何让人们真正超越边界进行团队合作？

超越边界的团队所面临的挑战不在于沟通或协调，因为多数公司拥有大量的协议和技术。真正的问题在于信任、权力、归属和身份。如果我在美国工作,老板在法国,所有决定都是他在法国作出的,而我却很少有机会见到他,那我会感觉不舒服。我会感到控制不了自己的命运,感觉不到自己是团队的一部分,不知道如何做事情,也不知道如何影响那个难以谋面的老板。基本上,我不会有归属感、忠诚或承诺。这些担忧是执业经理人们正在经历的事情,代表了全球化过程中最前线的挑战。

"内部全球化"制造了一系列挑战,管理仍要尽量去克服。世界各地都存在着整合交易的技术。然而,技术却无法整合人。人有归属感的需要,而归属于一个遍布世界的虚拟集团不符合人类本性,我们对此也毫无经验。早期的一个极其成功的例子是罗马帝国,它存在了数百年,比大多数全球化公司还要长,而造福于现代公司的任何技术在当时都没有。当庞修斯·派拉特(Pontius Pilate)离开罗马去统治棘手的朱迪亚省(Judea)时,他不可能被电子邮件、可视会议和有关盐税的紧密的月度汇报所束缚,在不能马上拨打全球会议电话听取建议、分担责任和责备他人的情况下,他必须独自应对挑战。如果授权意味着折磨错了人,那……好吧。

关于如何进行全球控制和协调,古代帝国的经验给当代商业帝国带来了启发。古代帝国成功地进行控制和协调,虽然他们没有电子邮件、电话和可视会议,但他们在一小撮精英公司中铸造了共同文化。精英们将带着共同的价值观和技能,一起成长和开拓。每名精英成员对缺点、优势和劣势都能做到知己知彼。人际之间存在着高度信任,直到继任者的权力争斗出现。随后,就出现了阴谋、欺诈和暗杀。现代全球化组织仿效了古代帝国的阴谋、欺诈和暗杀,但他们如果能有效地模拟古代帝国更积极的一方面，效果会更好，比如投资培养一个有凝聚力的、值得信赖的精英团队，队员有着共同价值观、经历和见地。从真正的多样性角度来讲，这确实很糟糕，因为这表示无论种族、性别或信仰如何，你都不得不按照公司的方式行事。但是，一旦到了执行、成事这一环节，建立信任、做决策、应对不确定性、遥控团队以及密切协作，这些任何一点都比多样性有用。

从遵从到承诺：结构变革

变革通常把世界彻底颠覆成“头朝下”的状态。一时间，公司结构也好像要被翻转成“头朝下”样子似的。在旧的组织结构中，老板在上，员工在下；头脚翻转后却成了老板在下，一线员工在上，一线员工与从未在组织结构图上出现过的客户打交道。对老板而言，这表明他卑恭谦虚、服务员工、关注客户，这给老板做了最好的代言。不幸的是，老板说的和观众听到的相去甚远。人们看到的[见图 7－1(a) 和(b)]是个失控的陀螺，陀螺上，老板装做仿佛整个组织的重担都压在自己肩上似的，而大部分一线员工对于老板开恩把他们摆在主人翁地位这种假惺惺的做法，毫不在意。

在实际中，比起简单地上下翻转金字塔，结构变革的影响要更深远也更复杂。金字塔被侧转[见图 7－1(c)]和全盘改装。功能组织的简单性和确定性被多维矩阵的复杂性所替代，其中，流程跟功能同样重要。比如，我们已经了解了，从正式方面来说，埃森哲的组织有三个维度：地理、业务和行业集团。在实际中，个人客户代表了第四纬度，团队围绕在他们周围。在这么复杂的网络中，进行个人职业管理或促成事情变成了一种不寻常的艺术，需要一套全新技能。在有关“管理”的章节中，对于成功管理来说，政治技能变得越来越必要，因为这是商学院或公司课程中不会正规教授的能力。

图 7－1　组织的三个维度

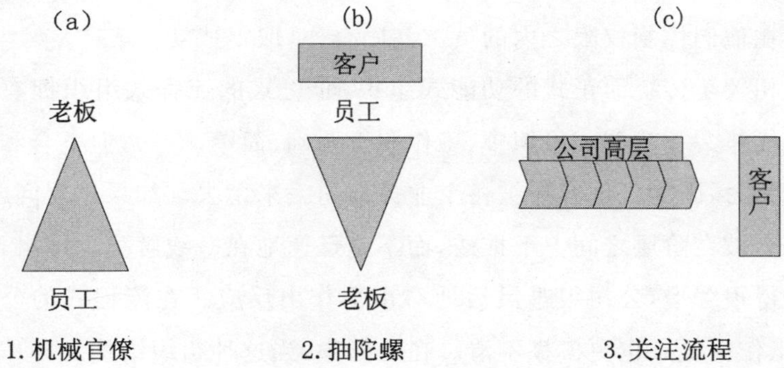

许多公司不肯为正式的组织结构图费心，理由也很合理。多数组织结构图在公布之时已经过时了。这只对员工有作用——他们可能很享受在组织结构图里面，把自己放在相应职位的小盒子中，而大部分人其实更愿意在死后才被放到小盒子里。况且，无论正式组织结构图是什么样子，却都不是真正有效的组织方式。图 7－1(c)中，从侧向或流程的角度看组织才更接近于多数公司运作的真实情况。公司是价值链上一系列的活动，价值链通过这些活动向顾客提供产品或者服务。

在运营价值链方面，业务管理者的职责是跨价值链与其他管理者进行协作以取得进步。管理者是价值链的黏合剂：在旧的体制中，管理者是不同阶层的黏合剂。而今，管理者同时在三个维度中工作，不仅是自上而下的阶层，还要跨越价值链。各种各样的员工和职能部门，诸如信息技术、人力资源、法律和健康安全部门共同运作、控制或妨碍价值链。正式的组织结构图可能还是一种传统的功能层级或复杂的矩阵结构，但在实际运营中，却需要跨越组织其他部分的各种部门进行协作。这也正是为何政治技能如此重要，因为管理者必须和不在他们控制权限之内的员工共同合作，取得成功。

相较于传统而正式的功能式组织，非正式的流程式组织拥有巨大的优势。在功能式组织中，工作职责明确、简单、专一，但整合和协作很无力，因为工作容易被各个业务部门丢来抛去。如果出现问题，问题会被在阶层之间上下推诿，而不是迅速地在一线解决。结果，决策变得很缓慢，公司很难灵活地对市场作出反应。在流程式的公司中，工作更复杂也更模糊不清。在运营中，当这种组织结构发挥作用的时候，它灵活、敏捷、以市场为导向。而不发挥作用时，它便成了一个充满政治色彩的鼠党的温床。

我们面临的挑战在于，如何使现在的组织结构发挥作用。许多公司，在旧式的体系上应用新式的结构，还纳闷为什么不起作用。要使非正式、流程式的组织发挥作用，需要三思而行，看看如何管理以下几方面内容：

1. 体系：奖励、措施和控制；
2. 人事：技能、发展和招聘；
3. 文化：价值观、归属感和目的；
4. 结构：整合和协作。

接下来，将对以上各点进行简单探讨。

体系、奖励和措施

这直接把我们引向了一个关于人之本性的古老辩论。假如你相信人性本惰、难以信任,做所需最少量的工作以规避制裁,那你就是X理论的追随者。假若你相信人是有能力的、值得信任的,只是需要鼓励和指导,那你就是Y理论的追随者。道格拉斯·麦格雷戈(Douglas MacGregor)1964年在《企业的人性面》(*The Human Side of Enterprise*)一书中,对X理论和Y理论进行了概述。这两种理论在控制和措施方面南辕北辙。X理论直接导致短控制链条、严厉的标准、对绩效赏罚分明和森严的阶层,19世纪的血汗工厂和有些现代的呼叫中心,非常符合这个描述。Y理论直接导向信任、授权和委任,就像里卡多·塞姆勒的塞姆公司,员工民主成为那里的主导。塞姆公司信任员工,甚至让他们决定自己的工资和工时。多数公司声称信任自己的员工(Y理论),然而他们的体系却表明他们更加偏好X理论。塞姆公司被看成是一个有趣但危险而混乱的成功案例。

X理论依赖于明确的命令和控制,工作描述清晰、易于衡量。然而,现在的工作却越来越难以衡量:我们可以衡量一条生产线能产出多少辆车,但却很难衡量写字间里某个人的产能。现在的工作越发模糊不清,因为它要求更多地与其他部门整合或合作。而且当绩效考评时,谁做了什么就不甚明确。

证据表明,一些公司在向Y理论转型的路上可以更加大胆。20世纪80年代,宝洁在芝加哥有一间传统的制造工厂,管理层和工人之间的关系属于对抗型关系。为了赢得公司对一种新产品的制造许可,他们之间竞争激烈。管理层作了一个激进的决定,他们离开工厂,让工人想出怎样赢得这场竞争。结果他们离开后生产率飙升,工人赢得了这场竞争,几周后,管理层不得不再次协商,以求重新回到公司。从控制到承诺的转变,取得了戏剧性的效果。

人事和技能

即使在萧条期,"人才战争"也是被大肆宣扬的。首先,我们需要理解哪一类人才对于成功至关重要。一般而言,管理者认为,人才战争就是寻找最好的技术人才。技术能力是重要的,但是其他能力也变得越发重要。思考一下,有多少人因为缺乏技术能力被解雇?没多少。缺乏技能并不是指缺乏技术技能,其他两项技能越发不可或缺,这就是人际交往技巧和政治技能。

与其他人良好地合作需要人际交往技巧,实现目标需要政治技能。管理界觉醒了,意识到他们需要人际交往技巧,这通常被冠名为情商(感情商数)。当我们的工作环境从命令和控制转变为以承诺为基础的时候,人际交往技巧仍然是越来越重要。

政治技能不那么明显,但是却非常重要。管理者需要通过不在他们控制权限之内的员工来实现目标。这需要建立信任联盟、权力和影响力网络;了解哪些战争是必要的以及如何打败对手;处理危机、冲突和敌对;试图影响和说服自己没有控制权限的人。要在任何革命中存活和成功,这些能力都是必需的,在管理革命中亦是如此。随着组织的解构、权力的粉碎,微妙隐秘的政治技能也更加重要。

公司已经觉醒,他们认识到要增强管理者的人际交往技巧。然而政治技能仍然不合规则,大半是因为多数公司把"政治"看做一个肮脏的词语。它与功利主义、暗箭伤人和口是心非紧密地联系在一起。但如果公司想培养能够成事的管理者，那么正面地增强政治技能是最基本的要求。

人际交往技巧和政治技能将在管理一章中进行论述。

价值观

价值观对成功越来越重要。公司深知这一点，但却不知该如何操作。在实际中，价值观经常遭到嘲弄挖苦，而且貌似正当合理。老板们在高级套房里精心描绘出的价值宣言，一到外面就变成了一派胡言，即使经过了鼓舞人心的海报宣传和宣讲，铜匾和公司的影像资料也无法支撑这些宣言。许多价值观只是母爱和苹果馅饼，在模糊不清的情况下，并不能帮员工决定哪些该做、哪些不该做。比如，以下是某领先公司价值观的简短版：

> 我们崇尚正直、诚实、开放、个体卓越、建设性自我批评、不断的自我提高和相互尊敬……我们接受挑战，并以战胜挑战为荣。我们以承诺为本，对客户、股东、合作伙伴和员工而言，我们都是值得信赖的……

这些都很有价值。但真有人会宁愿走向对立面，做不诚实、无能、不敬、放弃挑战、对谁都不可靠之事吗？这些宣言辞藻优美，但对在实际中如何形成公司的自身特色却指导甚微。

每家公司都有自己的一套价值观，不管是书面的还是其他形式的，都是四个变量的产物，而这四个变量任何公司都能控制：

- 领导者的行动，尤其是面对真理的时候：在紧要关头，领导者能否把利润、客户、质量或员工放在首位？领导者是否也会谈及牺牲和自我牺牲？领导者是寻求理解和进步还是寻求分析与指责？

- 奖励和评价体系：如果说人就是需要授权和信任的，那评估和控制系统可以反映这点吗？谁更应该被提拔：是绩效出色却怀疑价值观的人，还是绩效尚可但崇尚价值的人？
- 服务年限：员工在公司服务的年限越长，就能植入越多的价值观。这在两家公司合并后会更明显，因为即使是 10 年之后，谁从哪家公司来的还是很显而易见的。植入价值观需要花费相当长的时间，要改变价值观则需要更长的时间。
- 招聘标准：公司例行的筛选技术能力、智力和人际交往技巧，却很少筛选价值观。然而，员工与公司价值观不合最常见的原因，可能在于缺少契合度：公司和个人的文化和价值观相去甚远。

价值观能帮助解释信用危机是如何出现的：它不是规则的失败，而是价值观的失败。管理者会忙于调整问题的表征（资本充足率、管制、风险管理），但却治标不治本——贪婪的价值观和对短期利益的关注。就像用除痘膏治疗麻疹，管理者会发现调整信用危机的表征问题毫无效用，既无法预防下次危机，也调整不了价值观。

迈克尔·刘易斯（Michael Lewis）在 1989 年写了《说谎者的扑克牌》（*Liar's Poker*）一书，揭露了华尔街的贪婪。他回忆说，所罗门兄弟公司（Salomon Brothers）的首席执行官约翰·古特弗罗因德（John Gutfreund），1986 年赚到了惊人的 310 万美元。这在今天会很离奇。2008 年，标准普尔指数 500 公司首席执行官的平均收入是

1 040万美元。不良资产救助计划融资救助的前 10 家公司,获得了联邦基金提供的2 430亿美元,而这些破产公司的首席执行官们,竟为自己盛大的失败,奖励了自己24 700万美元。相比之下,古特弗罗因德看上去像一个自己拆台的修道士:被刘易斯揭露为贪婪,而他的书却不被当成警戒“贪婪”的道德故事;相反的是,用他自己的话说:“俄亥俄州立大学(Ohio State)学生的信件,都堆到了我膝盖那么深了。他们还想知道,关于华尔街我还有什么其他秘密要分享。他们把我的书当成专业知识手册来读。”在这样的价值观下,华尔街成了一个多事之地,大小事故一触即发。

自然,事后诸葛亮是最好扮演的。正如有个作者写的:“银行按照贷款的业务量对信贷专员进行奖励。放贷很容易,但追回贷款很难。在坏账堆积起来的时候,信贷专员早拿了奖金走人了。”此次次贷危机再明显不过了。事实上,我就是那个作者,这段话出自我2006 年《如何管理》(*How to Manage*)一书。当时银行家被当成宇宙的主人。但当金钱不断涌入的时候,问题越发显著,而管理者和调整者都选择了忽视。

结　构

世界上不存在所谓的完美的组织结构。每种结构都是不同优先权竞争、折中的结果:

- 中央集权可以实现规模经济和深度专业化;区域自主权能够鼓励市场专注、灵活性和更大的可靠性。
- 明确的界线(部门)培养更好的身份感、归属感、专注程度和专业性，却使合作、决策、灵活性和创新更加困难。

- 地理区域、行业、客户或功能专注，在不同时期对不同的组织都能发挥作用。

随着公司的成长和全球化的发展，这些折中变得越来越难。专业的服务公司，从顾问和会计到律师事务所和电影制作商，还比较好办。在实际中，公司日复一日地围绕着客户和项目组织运转，行业、地理区域和职能管理的高层领导仅在为数不多的关键事件中才会发挥作用，比如任命人才、传播知识、决定预算和审批晋升。其他公司，比如工厂，却不能围绕一系列的短期项目或者客户来组织运转，他们必须选择具有持续性的一套折中办法。

多数公司想出的解决方案就是每样事情都做一点，但在有些事情做多一点。这看上去会异常混乱，事实亦是如此，可这好像有点作用。实践仍然战胜了理论。不可避免地，中层管理者会变得厌倦，他们对不停的变来变去大为不满，矩阵结构的专注点从行业到地理区域，从地理区域到业务，又从业务回到行业。刚刚变走的又变了回来。如果认为重组是理智的行为，能帮公司走向完美，这就没有理解重组其中所在。重组产生不了任何理智的效果，它只能：

- 表明领导者在做事，而且尽在掌握；
- 撤销掉某些权贵，代之以忠诚的追随者；
- 重置与关键领导的心理契约：业务已不再是通常的业务，而且优先事项也发生了变化；
- 给组织发出信号：在行业市场、地理区域或者业务能力方面要给予更多关注。

在对外宣布重组时,这些可能都不会正式公之于众,但这些都是重组的原因所在。重组的最终结果是,对实现业务所必需的整合和协作来说,新形成的组织结构或许是最弱形式,因为所能达成的任何结果,都是在各种不完美方案之间的权衡选择。重组过于高调,而持久的改变来自于调整一致的价值观、技能、奖励、衡量标准和流程,这些工作远没有那么光彩照人。

小 结

公司的本质正从根本上发生着改变,它在变得专业化的同时也更加全球化;它的阶层不再那么森严,更关注流程;它从命令和控制转型为协作和承诺;盎格鲁撒克逊公司不再是唯一成功的榜样。被奉为成功、卓越和长久的榜样组织,有着令人烦恼的毛病,他们总会破产或被不那么卓越的公司接管。往昔的成功公式,在变革猛烈地攻击下和现实的影响下瓦解,因为公式预言是最简单不过的了,所以也是最立不住脚的。

旧式的成功公式不仅误导人,而且还很危险。仅凭复制公式的点滴以期取得所谓的卓越或优秀,没人会成功。作为管理者,我们必须创造自己独有的成功公式,必须找到在当今的情境中什么才能发挥作用。因为世界是不断变化的,我们的公式和组织也必须是变化着的。

一直以来,管理层的挑战越发艰难。业务的规模、复杂性和全球化使控制和协作的任务前所未有地艰巨。忘了追寻卓越吧,许多公司现在需要的是打造能力。公司越复杂,就越发难以维系。事情总会出现问题,要把事情捋顺扶正需要巨大的努力。

如果把自己从规定公式的世界释放出来,我们就能创造极其不同的组织,取得成功,达到新一代的期望值:要获得比以往更好的教育,具有更高的潜能和更严格的要求。不是所有的组织都能成为塞姆公司,但我们应该有所启发,有勇气以不同的方式去思考和行动。比起理论上有效的方式来说,实践中发挥作用的方式方法更能为人接受。更好的办法是,我们要让理论跟随实践,而不是实践服从理论。

第八章

变革:为何恐龙不会跳舞

达尔文给出了这样一条管理提示:“能够生存下来的物种,不是最强大的,也不是最聪明的,而是最能够适应环境变化的。”多数优秀的公司,都在为了变化而奋斗。成功公司有一套成功的做事方法,而且很难舍弃或改变,通常直到为时已晚的时候才肯作出放弃。正如狮子和北极熊不能适应彼此的生存环境一样,多数公司也很难改变新的环境。

历史告诉我们,革命爆发之时,旧的政权往往令人苦不堪言。这不仅适用于政治,同样适用于经济。今日巨人貌似强大,但面对明日之星却脆弱不堪。今日巨人被囚禁于过往的成功之中——他们被锁进了一种商业模型,给成功的挑战者带来破坏性变化,他们既不能够也不愿意去适应。本章将讨论为何在位者如此脆弱,以及为何变化会如此艰难。

管理基本上是关于变化的管理。管理者的职责不是去维持原貌，而是要去做改进，比如降低成本、提高质量、加速度入市、改进流程和产品、提升服务水准、发掘新客户和构建新市场。对多数管理者而言，变化是前所未有的迅速，但很多公司的变化速度却慢吞吞。为了理解这个悖论，我们首先需要了解变化的本质。

多数管理者置身于革命型改变的流程之中。革命型改变意味着优化公司现有的业务模型，利用更少的资源达成更好的结果。要实现这个目标是件艰难的工作。多数管理者发现自己的所有努力都集中在保持机器的运转而非改变现状上。所有公司都陷入一种恶化之中：高要求下取得的效率不太正常。总会出现问题，比如客户改变了主意、竞争对手难以对付、员工提出更多要求、员工离职找人代替、供应商一团糟或是事故频发。要保持效率很难，而革命型改变更是难上加难。大多数管理者宁愿在工作场所中不推行革命型改变。

大多数时候，多数公司进行革命型改变都没什么问题。成熟行业深陷惨烈的竞争僵局。几十年来，联合利华和宝洁纠缠在一起，陷于全球家用洗涤剂之战，难分难解。同样，各大航空公司、保险行业、汽车制造商和医药公司，长久以来沿用不变的业务模型彼此竞争，大多数人都记不得他们到底拼抢了多久。每个行业中都会有降低成本、质量改进、新产品和并购活动。然而，行业的本质并未发生改变；尽管已发生一些兼并，但每个行业中的主要竞争对手在十年之间没有变化。在这些行业里，管理每日例行的运转能够满足公司变化的需要。

逐渐地，行业平衡被革命型改变打破，这种变化催生了新的生存和成功法则。当这种变化发生时，“在位者”总是无法迎接挑战，他们变得不够快，结果他们成了恐龙，而恐龙不会跳舞。

在战略那章中，我们见识了传统的在位者是如何被新来的挑战者篡位的。在位者曾经拥有所有优势:资金、资源、技术和市场。然而,它们却被后起新秀所威胁,这些公司甚至不曾出现在他们"竞争雷达"扫描的名单中。

通往无序的新世界的路既没条理也不可预测。其中,有些行业发生了微小的变化;有些行业发生了迅速而又有破坏性的变化。对管理者如何处理变化,这个过程提出了一些基本问题。在"变化"这一章我们要讨论的主题是:

- 破坏型或革命型改变的本质:为何在位者总是不堪一击;
- 为何公司要与革命型改变斗争;
- 管理者如何亲自处理变化。

破坏型或革命型改变的本质

网络公司的繁荣,给大师们提供了一个讨论新经济典范的机会;信用危机,又给这些人提供了讨论另一种新经济典范的机会,包括旧式资本主义的结束和新式资本主义。从繁荣到倒闭,虚假炒作会改变,但绝不会消失。繁荣与倒闭只是插曲,它们可能是戏剧性的,但一旦结束,正常的运转又会恢复。变革型变化的原因不是商业周期,而与结构性变化有关。结构型变化发生于两个层面:

- 行业层面:整个市场发生了变化
- 公司内部:管理和权力的本质发生了变化

有那么一段时间,我们会关注行业层面的破坏型变化。破坏型变化包含不对称性竞争。成熟行业里的成熟公司进行的是对称性竞争:如赫兹(Hertz)vs.爱飞士(Avis),宝洁 vs.联合利华;德勤(Deloitte)vs.普华永道以及银行间的竞争。竞争是激烈的,但竞争者所遵循的规则却大同小异。成功,部分源于继承(一些公司继承了最佳的市场地位和最大规模),部分源于卓越的运营和逐步的改进和变化。在实际中,所有的竞争者都在逐步改进和创新。任何旨在改善赢利的内部改进,通常都会在市场竞争中失利。所有的竞争者每年都会更加努力,但仍然维持相对不动的状态。

当某个竞争者改变规则的时候,就出现了不对称竞争。这种改变是业务模型上的,与技术无关。在位者,甚至是市场领军公司,都发现很难与新的业务模型竞争。

比如,西南航空和瑞安航空没有通过发明新技术来打败传统的客运公司,他们创建了一个新的业务模型。迈克尔·奥莱利(Michael O'Leary)谈论瑞安航空对阵英国航空的竞争战略,说这是一个简洁而虚张声势的模型。以下是他对英国航空和瑞安航空竞争优势的比较:

英航优势	瑞安优势
希塞罗机场起降	低成本
全球网络	低成本
航空联盟	低成本
忠诚计划	低成本
舱内餐饮和电视	低成本
商务舱休息室	低成本
公司销售网络	低成本

瑞安航空对低成本的关注,不为英国航空留任何竞争空间。瑞安只有一种客机类型;这些飞机从二级机场起飞,周转时间短,成本低;客户投诉部门貌似一个垃圾箱,收纳了客户所有不满;对于任意一种非基本服务,包括从人工办理登机和行李托运到舱内使用厕所,都要另行收费。2002 年,瑞安的运营成本为每座位每公里 5 美分,而英航则为 12 美分。虽然相对于其他欧洲客运公司,英航是更有效率的。但英航的业务模型,简直不可能比得上瑞安业务模型的低成本。为获得优势的竞争价格,英航能以边际成本出售一些经济舱座位,但瑞安总会在成本和价格两方面双双胜出,这就使得瑞安能够染指开拓新的需求。2009 年 2 月,瑞安运送旅客5 840万人,英航运送旅客3 570万人。况且,瑞安的成功不是以英航的落败为代价,因为英航运送的旅客人数比 10 年前要多很多。瑞安的成功源于创造了新的市场空间。

不对称战争不是总这么温和。当佳能公司进军复印机市场的时候,它并不具备施乐公司主导市场的任何优势。在很多情况下,客户受制于与施乐的长期运营租赁协议,施乐生产、提供高端复印机,并且负担相关费用和维护。由于客户受制于此,竞争者似乎被阻挡在市场之外。佳能反其道而行:他们不在施乐的地盘与之竞争,而是创造了一系列低端复印机,创造了一个新的业务模型。

施乐没有理由竞争,因为他们没有相应的基础设施来服务佳能开拓的市场,也不愿意拆拨自己的业务。他们不得不专注于优化自身的业务模型——创造更好的机器、改进产品可靠性和服务、通过逐步改进以实现利润最大化。

施乐复印机业务模型	佳能复印机业务模型
租赁、通过直接销售	从零售商处购买
快速、集中复印	慢速、分散复印
高端维护、服务费用高	易于维护或替换
中央复印部门使用	秘书即可使用
昂贵	廉价

首先，佳能创造了新的市场空间。施乐没有损失什么，所以感觉不需要对付这样一个后起之秀，施乐不想也不需要对他们所占的市场提供服务。然而，低端复印机市场的经验为佳能积累了经验和专业技能，它逐渐打造自身的产能，并引入新机型。许多更优的机型直接稳固了佳能在低端市场的位置，其他竞争者则开始尝试蚕食施乐的市场。最终，佳能有力量在施乐的主场对付他了，佳能推出高端快速批量复印机。只有在这个阶段，施乐才能与佳能进行真正有意义的对抗。

破坏型变化或许需要技术的催化，但仅靠技术是不够的。它总要依赖于一个强有力的业务模型才能成功。经济史上是充斥着失败的，因为业务模型的卓越并不能反映出技术的卓越。以下几个例子可以说明这一点：

- 克莱夫·辛克莱(Clive Sinclair)是一位英国发明家，他研制了C5。这是一种将给市区交通带来革命性变化的电动车。人们在看见这辆车的时候，如果能不恣意嘲笑，它就成功了：车上只有一个座位，敞篷，太接近地面以至于不得不在尾部插一面旗子，才能被其他的驾驶员看到。

- 网络公司繁荣孵化出的业务，其唯一的成功以浏览量为衡量标准：报告中的利润是未扣除成本前的销售利润。对于Webvan（食品杂货）和Boo（服装零售）的业务模型，基本上人们的看法都是错误的，这彻底打击了股东。现在，成功模型显而易见，比如亚马逊、skype、易趣、旅游网站，它们都适合网络发展。在网络公司的繁荣初期，它们的成功相对于其他业务模型来说并不明显。
- 互联网搜索引擎之间的竞争，不仅基于搜索引擎卓越与否，还在于业务模型是否强大。我们现在知道，付费搜索是赚钱的方式（这也增强了市场引领者谷歌的地位）。但当因特网兴起的时候这并不明显：美国在线和许多其他公司尝试过订用模式和横幅广告模式，这些都是网络时代初期引入的自然模型，但在网络世界并不适用。

截至目前，在上述所有的例子中我们可以看出，破坏型变化是基于不对称性竞争的。不对称性竞争有以下 3 种特色：

- 创造新的市场空间和新的需求（瑞安航空、折扣航线、易趣）；
- 服务未开发的市场区域（佳能）；
- 为既成市场提供新式服务（亚马逊书店：多种选择、低廉价格、读者书评、避免实体销售的空间成本）。

任何一种情况下，挑战者创造在位者无法复制也没有动机去复制的新型业务模式。在位者自然关注于捍卫已有的资源，全力优化既有客户、产品和业务模式带来的利润。市场领头军通常比看上去要脆弱，他们有资金和实力去打败任何挑战，但在新的理念面前却不堪一击，那就是破坏型业务模式。

破坏型变化的本质意味着很难对之进行预测。1995 年，亚马逊帝国建立的时候，在稳固的图书零售界，没有人能猜到这会吞没他们的变革。这也再次证明，在位者更倾向于坚守自己久经考验的业务模型。他们看不到变化的逼近，而且多数公司管理者发生的是进化型变化而非革命型变化。他们自身的企业经验，根本不能有助于他们为破坏型变化做准备。

这容易让人认为，破坏型变化责任应该落实给创新天才，这或许是错误的。很聪明的人能支撑住有缺陷的业务模型，比如 Webvan 的首席执行官乔治 · 沙欣（George Shaheen）曾经担任埃森哲（Accenture）的首席执行官（后改名为安德森咨询）。1994 年，杰夫 · 贝索斯（Jeff Bezos）成立了亚马逊：亚马逊是一个巨大的成功，但贝索斯却很难把图书界的灵光一现复制到其他市场。亚马逊的几个失败或者面临失败的首创有：

- 亚马逊竞拍，没有侵入易趣；
- 亚马逊与苏富比（Sotheby）的合资企业，现在几被遗忘；
- 亚马逊自有品牌，平逊（Pinzon）系列产品；
- Zshop，在线的固定价格市场。

没几个人能预言破坏型变化能否成功。当你试图创造一个新的市场或者新的业务模型时，市场调查和分析的作用是有限的。成功的唯一途径就是尝试，尝试需要勇气和灵活性来快速调整市场反应。

比起在位者，破坏型变化极其青睐新的挑战者：

- 在位者缺乏给既有业务模型创造威胁的动机，他们专注于更好地为现有市场提供服务。
- 受困于以往的经验，在位者更倾向于从过去的经验推断将来。
- 在位者不具备处理破坏型变化的经验。
- 挑战者能打开新市场，服务未开发的市场区域，用独特的经济和业务模型制胜。

最终，挑战者会成为拥有成熟业务模型的熟练选手。随后，在标新立异的后起之秀潮流面前，他们也变得不堪一击。商业革命从来不会停止，它只是会将关注点从一个领域转移到另一个领域。在漫长的平衡周期里，创造性解构时期只是其中一个简短的标点符号。信用危机给金融业带来了大震动，五年之后，这个行业将达到一个新的平衡。彼时，另一个行业就会遭遇大震动。破坏型变化的本质意味着，我们不会知道下一个大震动会发生在哪里。对在位者而言，这是一个令人不安的命题，因为不知道什么时候就要面对破坏型竞争，也无法有效处理。而对准备创新和冒险的企业家来说，这是个令人激动的好机会。

为何公司与进化型改变斗争

要透视革命型改变的挑战，去了解公司如何与进化型变化斗争是值得的。与进化型改变斗争的公司，不太可能战胜革命型变化。

尽管变化是困难的，但从外因和内因来看，公司都仍然需要变化。变化的外因显而易见：需要不断改进，以满足日益增长的客户需求和对抗越来越大的竞争威胁。变化的内因，不那么明显但同样强大。多数公司像鲨鱼一样，他们不能处于静止状态。发展、增长可能很复杂,但能保持士气。说来奇怪,危机和缩减也可以管理,因为它们能带来方向感和目的感。当公司既不前进也不后退之时,士气会暴跌,权力政治上升,人们互相找茬,组织开始慢慢破裂。

在过去的20年中,有一种工具能始终如一地识别组织能变化成功还是失败。这就是变化公式:用你的公司试试看,看看你的公司还要多久才能准备好进行真正的变化。以下是它足以乱真的数学准确度:

$$N \times V \times C \times F > R$$

其中,N = 变化的需求;

V = 对最终目标和利益的愿景;

C = 改变的能力;

F = 起步;

R = 变化的风险和成本。

也就是说,需求、愿景、能力和起步必须要比可预见的风险和成本更加强大。如同所有的简化公式一样,这个公式在使用时必须要谨慎。如果被当做能解决变化挑战的魔法公式,那就该被丢进现代管理的垃圾桶。如果被当做智慧咨询的起点,那就可以帮你洞察为何周围许多变化都失败了。要理解这个公式在实际中的应用,我们需要了解公式的每一部分。

变化的需求

没有痛苦,就不会认识到变化的需求。痛苦既指公司各种变化的痛,也指个人的痛。显然,如果公司失去市场份额,是公司的痛苦。但技术研究或财务或者其他部门的人员,感受不到市场份额丢失的影响，他们就不太可能感觉到变化的需求。当有风险会失去工作、奖金和晋升机会时，痛苦就成为个人的痛苦，他们也会认真对待变化的需求。如果公司或者个人的痛苦很微小，在强大愿景的激励下，改变可能会开始；可一旦遇见困难的第一个信号，改变就会立即停止。

对最终目标和利益的愿景

首席执行官往往会对组织如何转型这个问题充满热情。这样会带来几个问题。首先，大部分员工会疑惑"我能得到什么"。提高每股收益会给首席执行官带来更多分红，但员工自己可能会面临更多的工作、更高的目标和更大的压力。首席执行官经常宣扬自己的愿景，但员工却很憎恶。其次，说归说，但很多公司并不知道如何识别、跟踪和跟进变化带来的目标收益，而这些正是游戏的目标所在。一家咨询公司决定，50%的业务必须来自于电子商务项目。很快，每个合作伙伴都简单地把现有工作重新分类为电子商务：目标实现了，但变化为零。即使是变化的确改进了一些东西，任何的收益也很容易竞争殆尽，因为竞争对手同样在快速地改进，收益都累积到客户那里，而不是股东。

变化的能力

在很多公司里，人们对改变极度冷嘲热讽，认为不过是"又一个年景又一个官又一个疯狂变化"而已。变化转瞬即过，终会被人遗忘。公司改变的能力是由管理的可信度铸成的。如果管理有半途而废的臭名，那么每一次进行改变，只能带来更多的冷嘲热讽。成功的改变需要来自高层有力的政治支持，因为只有他们才能组建最优的变化团队，给予成功所需的时间、资源、指导和支持。

起　步

谁都希望凯旋而归。当改变发生的时候，多数人喜欢站到一边袖手旁观。如果起步失利，边上的人就会异口同声地否定“早就告诉你会这样……”，如果起步得力，边上的人会悄悄跃上花车，反对之声也像艳阳天来临前清早的薄雾一般散去。通常，这意味着，需要找一些早期的、标志性的成功，来说明这次改变是认真而且有效的。如果改变不可避免，人们就会顺其自然。人们一旦怀疑和质疑，那就不需要二度邀请他们加入其中了。

变化的风险和成本

公司改变必然会有成本和风险。因为成本和风险都显而易见，所以要加以处理。更危险的是个人改变的风险和成本，因为改变不是理性的，而是非常政治化、情感化、个人化的。除非这些方面的问题处理得当，否则改变一定会被扼杀。面对改变，一定会有巨大的反对，这些反对貌似理性，实际只是对个人化反对的掩饰。改变意味着个人也要改变，可能是新老板、不得不学习新技术、实现新目标。所有这些意味着，为了未知的成果承担风险和努力工作。要克服这些，需要有大批重要的拥趸者，对他们要奉承、谄媚乃至威胁，只要让他们拥护这个项目。一旦有了重要力量，组织中的其他人要么追随要么至少噤声，不再抗拒改变。

反思一下你自己公司中对改变的尝试。如果非常艰难，那么可能是上述前提还有几个尚未就位。如果你的公司需要与进化型改变斗争，那就别指望在面临革命性变化时能成功。

实现改变

如果管理者想要实现改变，那他们必须要确保成功改变的前提就位。要评估公司是否已经准备好进行改变，变化公式就是一个良好的开端。变化公式能告诉我们还需要做哪些才能取得成功。严格地讲，必须有一个足够强大的联盟来支持改变才可以，但建立联盟来促进改变实现是一项耗时的政治活动，许多天真的项目经理根本就忽视此方面。又一次，政治技能昂起它丑陋的头颅，因为它们不仅是公司成功也是个人成功的关键。这套能力体系经常供不应求，因为项目经理很多，但有效力的变革领导者太少。

要实现改变，管理者必须要超越简单的变化公式。真正带来不同的改变，往往有以下 3 个深层特点：

(a) 进一步提升雄心壮志；
(b) 举公司之全力；
(c) 结果可以衡量。

进一步提升雄心壮志：从最佳实践到更上一层楼

许多管理者工作已经很努力，而且其辛苦程度逐年递增。但即使他们每年更加努力、更加快速，在竞争中也毫无进步可言，这是因为对手也更加努力和快速。项目利润的提高最终却成为虚幻的海市蜃楼，在热烈的竞争战场上，这个目标破灭、消失。这就是所谓恒定基准线的谬论——为改进付出的努力用恒定的基准线来衡量，而基准线或许就是今年的业绩。在实际中，基准线是不恒定的，而是一直下降的。公司内部，混乱的力量在作祟：新员工加入、老员工离开、供应商一团糟、预算出错、失误频现。而公司外部，看不见的手在作祟：竞争对手创新、降价、挖客户。仅为了使今年的业绩达标，就需要大量的努力和改进。而为了要改进，管理者要树立更高远的雄心壮志。

许多改变项目旨在把公司打造成一流的企业，或建立最优的基准成本，或实现最佳实践。这些目标都很有价值，但就内涵而言，这些都是追随者战略。企业顾问是鼓励追随者战略的罪魁祸首，他们绝不会直接把你的秘诀卖给你的对手。但是，他们会将其打包成一些关于最佳实践的"匿名"案例兜售给你。等你差不多到达最佳实践的标杆时，你所仿效的那个领导者已经又在前进了。你仍然落后于人，咨询师早已准备好向你推销下一轮最佳实践的项目了。

要有所不同，改变的目标不应是最佳实践，而应该是下一轮实践。下一轮实践意味着你要走下"更好更快更低廉"的"跑步机"，要反复思索如何更好地服务于市场。原本，再设计不只是为了削减成本，它的起点应该是想通如何更好地为市场服务。只要做得好，就能带来根本、有效的解决方案。例如，再设计的最简单部分是由迈克尔·戴尔（Michael Dell）不经意间创造的，当时他凭小额预算刚开始个人电脑业务。正因为是小本经营，戴尔不可能寄希望先生产电脑再销售出去。他不得不转为先销售再制造电脑。因而，传统电脑制造商的价值链和戴尔的价值链，可以简化为下页图示。

正是这激进的一步，戴尔省却了诸多方面的问题：预算、因某一系列特别畅销而导致缺货、甩卖不畅销的产品，搭建和管理分销商渠道的成本。截止到 1999 年，戴尔的库存量为 6 天，行业平均库存为 65 天；库存周转率为 60 次，而传统公司仅为 10～14 次。其他公司

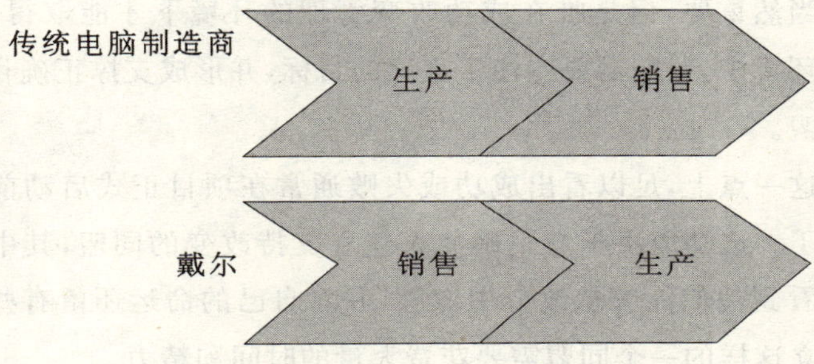

还在实施以改进预算、缩短生产周期使库存问题最小化以及库存最低为目标的改变项目。无论他们怎样努力，以其旧式模型，仍无法与戴尔的库存和运营成本相抗衡。他们都着眼于最佳实践，而戴尔创造了下一轮实践。

改变不是指更加努力地工作，而是指更加智慧地工作。

举公司之全力

实现下一轮实践要举公司之全力。戴尔的个人电脑业务方案改变了公司各部门工作的方式。如果公司想要提高进入市场的速度，没有哪个部门能够单独实现：营销、制造、物流、设计、采购和其他所有部门必须齐心协力，共同实现目标。实现这个层次的协作困难重重。在全公司建立各优先级别的同盟，与此所需的政治技能相比，管理改变涉及的技术问题显得无足轻重。

许多改变项目消失在政治技能和内部竞争的深渊之中。最糟糕的情况是，改变分解成一系列的风险日志、问题日志、会议日志、电话日志、出勤日志、进度日志和主日志。这是项目经理自豪地展示他PRINCE2 资质和掌控 45 个各次级流程的熟练技巧——项目管理的技术当然重要,但是唯在成功改变管理的环境下才能取得成功。在这种环境中,我们需要专注于正确的目标,并形成支撑正确目标的政治联盟。

在这一点上,足以看出成功或失败通常在项目正式启动前就已经注定了。成功取决于与正确的人建立支持改变的同盟,其中每个人都能看到他们能够从改变中取胜,并对自己的命运还留有些许掌控。建立这样的一个同盟需要花费大量的时间和精力。

当改变是基于部门内部的其他基础之时,任何收获都是假象。某一部门的改进是有价值的,但之于公司的全盘改进,却通常效果不显著。从大的角度来讲,英国政府也发生过这样的事情。2004 年到 2005 年间,格申(Gershon)报告指出,公共企业4 920亿英镑的预算只能实现 215 亿英镑的效率收益,这 5%是个相对平庸的产能收益。3 年之后,行政部门宣称已经实现了目标。但同时,支出上升至5 860 亿英镑,比通货膨胀速度快了 10%。效率收益可能有,也可能没有。对纳税人来说,政府以改进服务为目标增加支出的政策决策,已经使他们沦为底层阶级。

结果可以衡量

这点太显而易见,所以无须赘述。需要探讨的原因在于,为了改变而付出的努力没有得到衡量。即使在开始就许下承诺,结果会产生哪些改进,但是管理层通常都缺乏跟进的习惯。这有以下几个原因:

- 改变是战略性的:这是很多大型 IT 项目的借口。“战略性的”是一种代码,意味着要花很多钱却没什么回报。鉴于高级管理人员通常缺乏挑战 IT 提案的经验,也不会看其他可选方案,这种说辞相当奏效。

- 改变是促进剂:人力资源和技能提案通常属于这个范畴,没人想去争论这种有价值的目标。但他们会提出问题:精确地讲,这些提案到底能促进什么?
- 改变难以衡量:即使是改变成功,比如市场竞争等其他因素会使最终结果难以解读。

如果改变是举全公司之力进行的,专注于同一个明确的目标,那这些异议都不复存在。这个明确的目标可以是非财务的,比如质量、客户维系、投入市场的速度都是潜在的胜利目标,而且也都是可衡量的目标。无法衡量的目标没什么用处,正常来说,即使是非财务的目标,也应该是可衡量的。一旦目标明确,就能更好地决定 IT 项目是否真的是战略性的,或者人力资源相关提案是否真能促进目标达成。

西方的传统是,推行能取得可观效果的正式改变项目,例如缩减 20%的成本、主力的领导者晋升。一旦 20%的成本缩减胜券在握,下一个改变就是将投入市场的时间减半,再下一个就是质量的大幅提高。这些活动都是短期显著的,而且非常有效。其他可选方案没有那么高的明确性,但可能更有效。比如,日本公司不是进行一系列的改变活动,而是把改变当成一种生活方式。每年改进 5%要好于每 4 年改进 20%。把改变渗透进公司的结构中,远比高级管理层和咨询师所青睐的 18 个月一次的系列活动更具可持续性。

管理者如何处理改变

到现在,希望我们已经树立了一种观念,那就是改变不只是理性的。它是关于人与政治的,而不仅是项目。而且多数人对改变的态度还模棱两可——他们知道,从理论上讲改变是好的,但他们更喜欢这种改变是对其他人的。改变涉及太多的个人风险、努力工作和压力。改变公司是好的,而改变个人就有了威胁性。个人的改变意味着学习新的技术、适应新的老板、实现新的绩效目标,还意味着将自己尝试过的、信赖的成功公式抛诸脑后,替换为既没经过尝试也没经过试验的东西。所以从理性的层面,改变是好的。但从情感和个人的层面来讲,改变就没那么好了。

管理者对待改变模棱两可的态度会给个人和公司带来反作用。

公司发现,多数的改变项目都遭到顽强的抵抗,而且这些抵抗来自于公司内部的敌人——管理层抵抗管理的改变。对改变的抵抗常常被冠以理性的说辞,比如风险、成本、失去的机遇、时间和精力、进一步测试和分析的需要。这些质疑有些是合理的,但很多情况下,这不过是抗拒改变的个人及政治原因的烟雾弹。改变使公司内政治秩序惶惶然,也危及管理者个人。这些不是抵抗的合理缘由,所以管理者把自己的顾虑藏在合理抗拒改变的背后。

把抗拒改变的各种理性、情感和政治的理由混合在一起,就引发了混乱。改变的王者们会英勇地战斗,克服抗拒改变的各种理性因素,与理性的改变反抗者正面对决,因为这些反抗者能以比王者们拆除阻拦更快的速度竖起理性栏杆。如果单纯理性地拆拨,改变的王者是永远不会获胜的。他们唯一能取胜的方法是打政治牌,运用政治力量:“首席执行官要求这样……”,即使得不到承诺的话,也会得到勉强的遵从。又或者,改变的王者不得不面对反对者的隐藏的情感恐惧和顾虑。王者必须表现出,不像反对者那么恐惧,将来并非充满如此多的风险和威胁,也不会比待在现成的舒适区内更有风险。而用理性辩论去反抗情感,好比火上浇油。

通常,主要的反抗来自于组织的中间层,这里有一群拒绝改变的顽固分子。组织上层的领导者对改变更有控制权,能掌握自己的命运,所以他们没那么多可恐惧的;而处于组织底端的人,常常对现状存有挫败感,因而乐于看到情况发生改变,新的可能比旧的好。而且,底层通常以年轻人为主,他们还没有开始设定自己的道路。对于中层的管理者,改变的前景没有那么诱人,因为他们不能掌握自己的命运;他们个人所拥有的地位和权力可能会失去,而且也不知道能否再次获得。

中层管理者对风险的规避,可能会受个人的职业前景所影响。老员工工作时间长,对于去别处另谋职位,不抱有多高的期望。2005年,美国55—64岁的男性的参与就业率仅为44%,20—64岁之间的男性为75%。这使老员工更忠诚也更厌恶风险,任何威胁他们职位安全的因素都是不受欢迎的。在他们看来,改变不能够增强职位安全。

来自管理者的抵抗,使进化型改变难以推行。那革命型或者破坏型改变就基本不可能。管理者害怕自己不具备适应新环境的能力;内在的风险规避意味着,他们也缺乏推进革命型改变所需的意志。组织,跟管理者一样,是相对保守的。比起尝试全新的事物,组织更愿意在现有的成功公式上逐步改进。这种理念,在逐步改进的世界中是完全可以接受的,因为没必要承担风险。当竞争局面面临破坏型改变的时候,传统型公司管理者和组织装备简陋,难以与时俱进地跟上改变的速度。

抵抗改变不只是来自中层。成功的管理者甚至会更加抗拒。他们或许愿意拥护公司的微小改变，却不那么愿意拥护个人改变。从定义上来讲，成功的管理者是那些拥有成功模型的管理者，因为他们已经掌握了在自身情况下哪些有效哪些无效。他们成功得越久，其理念中、行为中和习惯中的成功模型就越不容易更改。改变，创造一套新条件，这些管理者不得不在其中工作，这与他们的成功模型发生了冲突。

当一个成功的管理者上升到进入高级套房办公时，他们的成功模型就完美了。削减成本仍然是中心所在；通过开拓新市场打造自己声望的人，对成功模型忠心耿耿。任命首席执行官应该牢记：找到一位“理想的”首席执行官没那么重要。更重要的是，要了解公司面临的挑战，然后任命一位其成功模型适合这个挑战的首席执行官。

小　结

成功乃改变之敌。一家公司或者一个管理者越成功，就越不愿意改变自己的成功模型。这很自然也很合理，但却使成功难以达成。改变越大，阻力越大。革命型改变是难中之难，因为当面临竞争方式新颖的竞争者时，在位者只会加倍努力地保护自己已经拥有的资源。这就能解释，为何多数顶级公司的半衰期只有 20—25 年。当周围的世界发生改变时，它们无法进行足够快速或深刻的改变。

即使是进化型改变，也很难推行。单纯地对抗混乱和维持秩序就已经很难了，要推行改进难上加难。公司在改进时，竞争对手也在同样快速地改进。改进不能满足更大的利润和更高的市场份额，结果改进竞争的结果,主要受益者是客户而不是股东。所以在任何公司中,任何改变都面临巨大的阻碍。

在公司内部,改变面临着巨大的障碍。改变不是纯粹理性的项目管理流程,它需要建立联盟、克服阻碍、请求资源和建立改变动量。这是一个激烈的政治和个人思想斗争过程。这理应是管理工作的中心所在,然而多数管理者对改变模棱两可。他们知道,从理论上,改变是正确的;也知道从个人来讲,会很痛苦。成功改变的领导者不仅是项目经理,他们还要超越理性管理,同时涉及个人和政治因素。

本章以达尔文开篇,那就以《哈姆雷特》第五幕第二景来做结语:“无论我们怎样大刀阔斧地去干,成败仍是在天。”多数改变是公司大刀阔斧地改变其命运,而不是做基本的改变。就像猎豹不会改变身上的斑点、恐龙不会跳舞,多数公司也不会激进地改变方向。只要世界不发生巨变,成功就会持久存在——而在新的世界无序中,我们可能需要习惯目睹更多的改变和更多短暂的成功。

第九章

员工：从奴役到自由以及从自由到奴役

25年前，宝洁的某位高层在参加会议时穿了双灰色的短袜。这是着装变革的开始，黑袜子和公司制服的统一性遭到挑战。25年后，在爱沙尼亚的Skype会议上，唯一没穿T恤的是一位嘉宾发言人，其余人甚至连首席执行官穿得都是T恤和牛仔裤。不同的职能部门、不同的组织、在不同时刻，在西装和T恤之间，有着一系列混乱的着装准则。

统一性和确定性正被多样性和模糊性所取代。我们甚至没有固定的办公桌，遭人嘲笑的格子间成为人们美好的回忆。现在他们都成了早起的鸟儿，争着去那张受欢迎的办公桌给自己找块地儿。

作为员工，管理变革把我们拉向反面。我们听了太多关于明天的承诺，但这需要我们今天付出更多。我们陷入了自由和奴役两股力量之间。

如同员工所经历的那样，有五种力量推动着变革：

1. 技术使我们拥有更高的产能，将工作任务化难为易。但这并没有使员工的生活变得更容易，反而是更难了。技术没有降低工作量，它提高了期望值。以前，10页的报告里面有1到2个图表就可以接受了，而今，我们都被幻灯片折磨得生不如死。即使质量没有提高，数量也增加了。我们没有被技术进步赋予自由，而是被奴役了。
2. 工作越来越模糊。在生产线或者呼叫中心，每个人的工作量是多少都很明确。员工感觉，他们如同血汗工厂里员工一样，每人都被榨出1盎司产能。然而，越来越多的工作被转移到格子间的专业服务和办公人员身上。衡量每个律师、咨询师、会计或者公务员的产能，要困难得多。我们可以衡量他们的工作时长、发出多少账单，但这不同于知道他们有多大产能。有些人逃避职责，然而多数人发现自己比以前工作得更加努力，而要实现的却是极其模糊的期望值。
3. 工作和生活之间的平衡消失了。以前的朝九晚五不再了，而这不仅是由于弹性工作时间的出现，还得益于工作划分的馈赠。过去，工作生活和家庭生活是两个不同的世界。而今，技术意味着工作和家庭生活可以混在一起。我们可以在家里收发电子邮件，却在上班时间从网上预订假期。理论上讲，这是一种释放。但实际中，这似乎导致了更大的压力。我们从不把自己从工作的桎梏中完全释放出来。
4. 雇主们将自由的专制强加给员工。家长式雇主的时光早已不再，在非国有企业中，没有几个人能指望一辈子只待在一家公司。只有一家工厂的小镇，企业福利和退休金正成为遥远的回忆。员工必须得自己照顾自己。

5. 忠诚成为单行道。如果员工相信雇主的价值观，那雇主就期望他们能付出激情和承诺。作为回报，雇主提供的工作只截止到下一轮企业裁员、再设计、重组、外包或者最佳本地化模式横扫城镇。员工知道雇佣关系没有保障，保障来源于可雇用性，而不是雇主。为了生存，我们必须对自己的技能进行投资，跟上市场不断变化的需求。可雇用性给予我们自由，同时又带给我们不安全。

问题在于，作为雇员，我们如何在这个新世界生存并获得成功。旧式的雇主和雇员之间的心灵契约已经终结。我们之中的大多数人不指望能一辈子从事某种职业，也有很多人不想被永远拴在一棵树上。如果让雇主来控制我们的命运，我们就成为了奴隶，很有可能被雇主转念一想就抛到一边。想要尝到自由而不是奴役的甜头，我们必须掌握自己的命运。

掌握自己的命运有四个要素：

1. 具有可雇用性，而不单是一个雇员；
2. 区分生活；
3. 避开享乐陷阱；
4. 开发自身的适应力。

具有可雇用性，而不仅是一名雇员

在发展员工方面，组织的兴趣有限。当仅有少数人能晋升时，让每个人都做好准备是了无意义的。在实际中,组织需要员工能承担更多专业化任务。随着组织的成长,由于价值链环节的增多,每位员工的任务也越来越专业化。组织很乐于培养这些专业技能。一旦你具备了这些技能,他们就没动力再去教你其他新技能。如果你被提升了或者换了工作,他们则需花费时间和金钱来培训你的代替者。相比之下,让具备专门技能的人待在岗位上是更容易的。

在大多数行业中,专业化的趋势都不会停止。从亚当·斯密开始,专业化正延伸至知识产业和专业服务行业。而今,大学博士论文就是对模糊性的称颂。专业人员发现,自己只专于法律、咨询或IT的很小一部分。建立深入的专业知识是有必要的,但从可雇用性来讲,是危险的。成为专家,就像利基业务一样,在需求好的时候,生活就好。在供不应求的时候,商业通用语言(COBOL)的程序员很好赚钱。当需求降低、印度人才的供应剧升的时候,这种程序员就像把紫色喇叭裤、棕色奶酪布衫和绿色压绒夹克搭配在一起时一样,时髦紧俏。但是,一种专业很快就会过时。

完全依赖于雇主来发展自己的事业,或许100年前是必须如此,在50年前只能是希望如此,而20年前只是可能如此。眼下,对大多数人来讲,都不可能了。现在你从雇主的专制下获得了自由,可除非你可以驾驭市场,否则市场会是一只更为专制的手。

“具有可雇用性”,说起来容易,做起来难。昔日依赖于煤和钢铁的城镇仍然是失业的重地。具有可雇用性取决于培养正确的技能,然后为这些技能找到正确的雇主。拥有这样的职业流动性,取决于家人能接受这种流动性的程度,因为正确的雇主可能不在你现在生活的社区。两方面考虑推动着可雇用性公式中的“正确的技能”:

• 偏好;
• 经验。

首先,专注于你的长处。这一点极其明显,所以大多数评估体系都遗漏了这一点。年度评估通常是寻找员工需要矫正和改进的地方,关于评估的理念是,如果你改进这些缺点,你就能称为更好的雇员。没有人能专注于自己的弱点还取得成功。不应该让奥运会的举重选手去参加花样游泳,这可能会很逗乐,但肯定赢不了。实际上,人人都有弱点。但幸运的是,管理逐渐成为一个团队项目。这是知识经济的核心所在,人们要建造可以合作的深度专业技能网络。因而,假如我们在项目管理或会计、战略分析方面薄弱,那会有很多人可以帮我们做这些。专注于你所擅长的,与那些能填补你盲点的团队成员一起合作。不要专注于你的盲点,因为你只会碰一鼻子灰。

其次,经验推动我们发展所需的技能。当我们开创事业或决定更改事业的时候,会发现自己必须得花上 5 年的时间来学习新行业的作业技能,比如会计、法律、工程、水管维修和销售,这些都需要掌握核心技能。然而,这些技能也会成为晋升的阻碍。一旦我们掌握了这些技能,就会发现,想要晋升必须得习得新技能。管理者不再是选手。世界头号运动明星中鲜有人能成为优秀的管理者;而大多数伟大的运动教练都曾经是初级选手。比赛和管理是两种根本不同的技能。

足球运动员必须得能跑动、铲断、过人、射门、与裁判争辩。球队教练在球场边上挥舞着胳膊与裁判助理理论;他还得选择正确的队员、决定战术、制定方向、激励团队、训练和辅导队员。如果教练开始在球场上奔跑或铲断对方队员,情况可能会一团糟,当然也铲不倒谁。

比赛和管理的区别在运动圈里可能很明显，但在经济圈却经常被遗忘。晋升体系的基础理论是，只有最佳选手才能被提拔到管理者层级。有抱负的管理者都犯了同一个错误，他们希望最佳选手会成为优秀的管理者。晋升之后，他们会比之前工作得更加卖力，力求更好。结果却被解雇了，因为他们管理不力——他们一直在努力地铲断和射门，却不是辅导和建设团队。

随着职业的发展，技能和操作能力越来越不重要了。取而代之的是，人际交往技巧和政治技能日益重要。这些能力的本质将在管理一章进一步讨论。在此阶段，唯一需要的就是意识到从选手到管理者的转变。管理者的职责就是通过管理其他人以实现目标，他不需要控制所有那些需要去影响的人，这正是人际交往技巧和政治技能成为生存所必需能力的原因所在。许多优秀的选手被提拔却又遭解雇，就是因为他们不理解从比赛到管理的转型。

划分你的生活

在很久以前，工作是工作，家庭是家庭。如果人们上下班带着公文包，更有可能是带着三明治和纵横字谜，而不是真正的工作任务。一旦离开办公室，他们就远离了工作。而今，我们认为，我们总是一周 7 天、一天 24 小时处于工作状态。事实上，往昔也不是黄金时代，现今亦不如宣传地那般严峻。

以前的朝九晚五把工作和休闲明确地划分开来。生活的节奏非常放松。从交通到广告，一切都是慢速的。在邮政时代，两次世界大战期间，市内的信件早上寄出，大概晚上能收到回信。现在，我们发出国际电子邮件后，不到1小时就能收到回复，甚至希望几分钟之内就能收到。但假如是黄金时代的话，对很多女性来说却是黄金监狱，她们的世界就是在家里为家人洗衣做饭。如果妻子依赖丈夫，那丈夫就依赖老板。要是你有雄心壮志，渴望自由，那就是地狱；假如你准备一辈子服务于这个公司，那就是一座舒适的监狱。

新世界破坏了家庭与工作之间的壁垒。科技允许我们可以在任何地方工作。结果就是，我们认为自己无时无刻不在工作。事实并非如此。几个指标表明，实际的工作时间反而降低而非上升：

- 看看高峰时间：周日早上，你是否真正经历过7:45的地铁拥堵？
- 试试5:30开会；
- 跟踪你的邮件：一般而言，85%的邮件是周一到周五上午8:30至下午6:00之间收发的；
- 跟踪你公司的网站：与邮件差不多，85%的浏览者是周一到周五上午8:30到下午6:00之间登录的；
- 年平均工时，英国在1850年大约为3 200小时，150年后，降低到1 820小时，即使是最努力工作的群体（高级管理者）声称每周也平均只工作46.3小时。相比工业革命时期的标准，这太懒惰了。

这些指标表明，我们开会和收发电子邮件的时间，甚至说待在办公室的时间，每周不到100小时。当然，如果《欧盟工作时间指导》（*EU Working Time Directive*）真正实施的话，所有的员工需要每周工作35小时，灾难便会由此产生。在很多组织中，一旦忽略上飞书网、闲谈、无聊、喝咖啡、效率低和会议时间的话，员工必须每周在公司至少花费100小时，才能完成35小时有意义的工作。而我们认为，这并不是欧盟立法者在制定《欧盟工作时间指导》时的本意。

即使现实中，我们并没有比前几代人工作得更加努力，我们也感觉到工作量是显著增加的。感觉可能并不真实，但是，这种感觉的后果是真实的。较之于以前，我们感觉现在压力更大了，也更加烦躁了。可能我们离开了办公室，但工作却一直如影随形。电子邮件、因特网和其他原本要改进生活的技术，如镣铐一般把我们禁锢在工作上。在技术控制我们之前，我们必须得先学会控制技术。

学会控制技术的核心是找到“关闭”开关。在技术上我们可能找不到“关闭”开关，因为即使已经关掉了电脑和电话，我们的头脑仍然是“开启”的，在想错过了哪些信息、需要跟谁联系、还需要干些什么，因而我们仍然会感到愧疚。真正的“关闭”键在我们自己的头脑中。

我们还没有发现如何管理“关闭”键或者控制技术。我们投资数十亿来开发更加精密复杂的软件，生产力提高了，但是关于理解怎样与技术和谐共处这点上，却分文未投。处理现状的艺术正如人们过去对付的一系列小事儿一样：

- 突然完全停止使用：完全关掉电子邮件和手机，留个口信说自己要外出直到……理论上，这样行得通。而在实际中，这违背了同事和老板的偏见——他们想让你跟他们一样受罪，一周7天、一天24小时待命，显示你对公司的责任感和承诺。
- 曲线撤退：留出你每天弥补工作的时间。即使这意味着，晚上花费15分钟完成最后一件事（给同事留下你一直在工作的印象),这样你就可以有时间做其他重要的事情了,比如陪伴家人、吃饭、看电视。

- 更好地授权:用团队成员、同事、秘书来填补你缺席的空当。拿着黑莓手机坐在沙滩上的高管,不只是个妄想狂,还表明他不会授权,还傲慢地认为自己才是唯一有能力处理公司每日危机的那个人。
- 知道什么重要:公司日常工作多数是琐碎的事情。只关注能使每周每月每年有大不同的两到三件事,就有可能抹掉大部分的公司干扰。不重要的那些事,要么可以稍后再处理,如果是很紧急的琐事,比如商定会议时间,则可以授权给支持员工代劳。

所有这些手段目的在于重新获得我们对宝贵资源的控制权,这个资源就是时间。如果我们不再让工作来污染我们的私人时间,那我们又可以重新夺回控制权,减轻我们每天所感到的压力。

避开享乐陷阱

雇主总是很乐意拥有完全依赖自己的员工。正如狗会学着忠于喂养它们的人一样,员工也会学着忠于付钱给他们的雇主。过去,依赖是绝对的,因为工资、养老金、医保、教育和住房都要依赖于雇主。

日益富裕应该促使我们不那么依赖雇主,然而还没有。保证依赖性的最简单方式就是多付给员工钱。专业服务公司例来如此。比如,一家咨询公司以年薪 4 万英镑雇佣工程师。这些工程师会被先行培训一个月,然后就把他们派给客户,一年收取 24 万英镑。现在,工程师一年可以赚 6 万英镑了。涨薪 50%同时期待着能有更多的收益,这听上去很不错。工程师的家人很快适应了一年6万英镑的生活方式,如果退回到年收入只有4万英镑的日子,会有许多事情难以承受。突然间,员工落入跑步机的陷阱:不幸的是,雇主控制了跑步机的速度,而且想要尽可能榨干你的全部。

报酬过于丰厚的雇员是可以变换雇主的。在实际中,他们不是寻找速度慢一点、收入少一点的跑步机,而几乎都去寻找速度更快、收入更多的跑步机。

这就是享乐陷阱:由俭入奢易,由奢入俭难。

有两种途径可以逃离享乐陷阱。其一是快速地赚足够的钱,这样就可以不再依赖于任何一个雇主;想干什么就干什么。这是从事金融服务的很多员工的梦想:15年的奴役生活,然后就退休,去实现那些长久以来的白日梦。这种理论对少数人非常奏效,但对大多数人而言就是一个妄想,失败的原因有三:

(a) 成功证明是难以捉摸的。超级富有的赢家占据了所有的新闻头条,而失败者人数远远超出赢家,却默默地被忽视。

(b) 期望比现实升高地更快。即使是最成功的玩家,也会发现钱赚得越多,需要的就越多。金钱,不仅把面包带到桌上,更是保持一种记录,证明自己比同僚更有价值。这就意味着,你要比他们赚得更多。对这些人而言,要取得成功,就要比跑步机上的其他人跑得更快;这对那些享受快跑的人而言,不成问题。

(c) 成功是一个空容器。我让员工做过一个简单的练习,问他们假如赢了彩票头奖会去做什么。你自己也想想。以下是一些正常的答案:

- 度假；
- 还贷；
- 再度假；
- 买辆高级车；
- 还是度假；
- 再买辆车；
- 然后……？

多数人最后意识到会回来工作，正常情况下会是另外一种工作，可是还是要工作。正是在这一点上，人们发现了逃离享乐陷阱的另外一个途径。不是赚取数不尽的百万财富，而是发现自己真正想做的事情。如果一周 7 天、一天 24 小时的工作让你兴奋，那没问题。如果为社区服务是你想做的事情，那就放手去做。

在导致信用危机的年月里，个人价值是以净值为基础的。生活富足之人比其他人生活得都好。社会职业，比如教师，被认为是臭老九之流："你要是什么也干不了，就教书吧"概括出了人们对教育工作的轻视态度。而今，这种态度有所改观。在英国，牛津和剑桥这样的高等学府，已把"以教为先"列为全国范围内 10 大毕业生就业单位。"以教为先"把教师放在了最有挑战性的内城学校里，那里的工作量和工作压力至少与咨询、法律、会计或者金融行业旗鼓相当。个人成功和满足已不再是纯粹基于个人价值，还会基于体验和价值。

当我们意识到对于成功的本质还有的选择，并能够运用这些选择的时候，我们就重新发现了自由。

开发自身的适应力

职业，不仅是一个名词还是一个动词。有些人拥有职业，有些人通过生活来职业。“职业”，曾经是一个名词，描述人们在收到旅行钟复制品这件退休礼物之前，是如何缓慢地攀登唯一雇主的滑溜溜的晋升杆。对很多人而言，职业正在变为一个动词，描述在雇主之间随意游走的经历。有时候，这种变动是自愿的，但通常是非自愿的。

员工在某个公司工作的平均年限正在降低。在英国和美国，平均年限分别为 7.2 年和 7.6 年。在较高的就业保护的传统经济体和社会中，工作年限一般是 11—13 年(日本、法国、德国和意大利)。这种平均掩盖了很大的躁动。新一代和更年轻的雇员更有可能四处变动。英国人事与发展特许研究所(简称 CIPD)的数据显示，80%的员工离职率集中在那些服务年限低于 5 年的人群。

在现实中，这种数据颇有道理。大学毕业之后，除了从招聘面试中了解到的美好故事，人们通常不知道自己想要什么。他们也不真正知道在不同类型的组织中，应该有什么不同的期望。如果不知道自己想要什么或不知道将要得到什么，那最后结果几乎肯定会令你大吃一惊。有些人很幸运，找到了愉快的吃惊。而另一些人决定换工作。

早期的跳槽现在被人们广为接受。每个人都有机会打最后一张职业牌：工商管理硕士课程。工商管理硕士提供的知识有限，而带来的重塑自己职业的机会却是无限的。工商管理硕士教育是学生与雇主之间一场昂贵的约会。

处于职业初级阶段的人们，到了一个重要转变期。几年一个周期的跳槽流程是有用的，有以下两个原因：

- 跳槽帮助人们发现自己最可能成功的环境。离开大学后，他们不依赖于唯一一次误打误撞的工作机会。如果不热爱工作，你就不会倾己之力，把所学和特有的技能投入到工作之中，你就不会有耐力跑完这场职场马拉松。
- 跳槽打造你的适应力。遭遇挫折，一败涂地，然后寻找另外一份工作可以消除恐惧，建立信心。通过对比，那些为公司服务了 20 年的人非常不堪一击。如果只经历过一个雇主，却突然在 40 多岁的时候被遣散回家，他们会完全崩溃。这些人缺乏变换工作的经验和能力，而且个人身份也和雇主身份缠绕在一起，不被识别。

小　结

希腊古老咒语有云“祝你所有梦想都实现”。在管理革命中，这句咒语被放到雇员身上了。雇员想抛开家长式的雇主强加于他们的一致性的桎梏，这个梦想实现了。现在我们获得了自由，却发现责任、焦虑和压力相伴而来。我们必须依靠自己而不是雇主，要具备可雇用性，以为自己积攒养老金并管理自我的职业生涯。

在享受自由的同时，我们发现了技术。技术本应是解放我们的，结果却把我们禁锢在一个永远无法逃离的工作世界，至少在我们的脑海里如此。除非我们学会如何对付这个新世界，否则自由和技术将会一直奴役着我们。创造自己的是天堂还是地狱，取决我们自己，因为我们有工具，而且有选择。

第十章

管理者:权力和成事

管理向来都是领导的穷亲戚:领袖收获所有的赞美和光环,而管理者却要完成把愿景转化为现实的任务。

乍一看,管理者似乎成为革命的主要牺牲者,管理者职责经过了重新设计、优化层级、深挖内涵,过去的确定性不复存在,取而代之的是眼前的焦虑。从更多方面来讲,管理者的工作越发难做了。

- 成本削减和重新设计后,组织的整个管理层都被清理简化,结果管理者人数减少。
- 工作复杂性增加,管理者不再只待在自己的舒适区域——各自的职能部门内,而要跨越组织部门与不在自己管理权限之内的人一起工作。
- 因为人少而工作多,管理者工作时间较以往延长。在工作时间员工能得到保护,而管理者却没有。

- 管理者曾把一生奉献给工作，退休的管理者会得到公司赠送的旅行和指数联动养老金作为退休礼物。而如今，管理者不再是一辈子的职业，因为不确定性和巨大的压力成为管理者这一职业的基本特点。

再看一下你会发现，对管理者而言，这些坏消息同时也是好消息。优秀管理技能变得比以往任何时候都重要。我们再回顾一下这场革命，看看管理者为何成了革命中最大的赢家。

- 管理者数减少意味着组织瘦身，因此相对组织的成功而言，每个管理者的作用都更加重要。
- 管理者被称做组织的黏合剂，工作复杂性增加说明在处理复杂工作的过程中管理者更加不可或缺。
- 随着就业市场流动性的增加，企业比以往更加担心失去优秀的管理者。

所有革命都有胜负之分，管理革命也不例外。对管理者来讲，这场革命是素质的较量，糟糕的管理者很容易淘汰出局，而优秀的管理者则更加不可或缺。

要了解管理工作到底发生了怎样的改变，我们再重新回顾一下管理学短暂的、充满修正主义色彩的发展史。这次我们将从管理技能本质这个不同的视角审视历史。我们会发现，如今管理者需要具备一整套新技能，而这些新技能在目前的管理文献中根本未有提及。还是这种情况，实践发展领先于理论发展数年。这段历史分为三个部分：

- 启蒙运动和理性管理：智商技能。

• 二十世纪:人文科学的兴起及情商技能。

• 二十一世纪:着眼未来,政商技能的兴起。

对管理者而言,革命的核心是他们对全套新技能的需求。我们已经发现了智商和情商的必要性,但目前随着工作环境的改变,政商技能正变得举足轻重。虽然政商技能有利于职业管理,但在目前所谓的成功职业管理中,并没有对政商技能的需求和培养。政商指的是,在责任通常超越权限的大环境中,管理者知道该怎样把事情做成、促使事情成功。

启蒙运动和工业革命:理性管理的发展

启蒙运动使人们相信,可以通过推理以及理性调查获得进步。从牛顿引领下的物理学到亚当·斯密引领下的经济学,人们都在追求着万事万物背后的通用规律。随着启蒙运动的结束、工业革命的到来,我们在工业管理这个新兴学科中也发现了同样的思想,这不足为奇。弗雷德里克·泰勒 1911 年出版了《科学管理》一书,在他的带领下,人们对理性管理的追捧达到神化的地步。泰勒相信观察和测量,认为这两种方法能带来一些革命性的思想。比如说,他提出工休不但不会中断生产力,反而可以提高生产力。10 分钟休息能带来 50 分钟的努力工作,而马不停蹄劳作的效果却差强人意。泰勒并非心系工人权益,他不过是希望将产出最大化。他的思想是具有革命性的,因为早期的管理一直是以经验和判断为基础发展起来的手工技能。尽管泰勒的方法新颖,他的风格却仍旧传统。他仍然相信强势的命令和控制,对工人难以信任。他的风格在下面这段文字中可见一斑：

> 唯有通过*强制*实施标准化方法、*强制*采用最好的器具、*强制*创造最好的工作环境、*强制*进行合作，才能保证更高的工作效率。而强制实施标准和进行合作的责任唯有*管理层*能担负得起来。

以上是这个逻辑的摘要。工人们不过是生产单位，还不如机器设备重要。管理者命令控制，颐指气使；工人们埋头苦干，兢兢业业：因为老板有头脑，工人有体力。

理性管理开始变成负面词语，这可能不足为奇。人们开始把它与血汗工厂、工会和管理层的冲突联系起来：这种管理体制下，管理层总想提高生产效率，而工会就想保护成员权益。尽管西方逐渐对理性管理失去了兴趣，而日本却把理性管理改头换面，这种重造也产生了毁灭性的后果。日本人对理性管理的重造得归功于另一个美国人——爱德华·戴明(Edward Deming)。戴明在美国一直默默无闻，直至老年；当然，毁灭性的后果也是这时造成的。

戴明是质量运动的最高教父。直白点说就是，泰勒钻研数量，戴明主攻质量。跟泰勒一样，戴明极其注重对质量的分析和理解。质量检验代表着高成本和再加工，而在设计和生产过程伊始就将质量理念融入其中，则会降低成本和提高利润。高质量和低成本同步变化这一理念本身就是富有革命性的。1960年，戴明因其贡献被日本政府授予瑞宝章(Order of Sacred Treasure)。当时戴明在美国可以说是不为人知：经济兴盛繁荣，需求持续增长，戴明的思想在西方似乎显得多余。到20世纪80年代时，日本工业对西方经济的冲击愈演愈烈,西方人这种自满情绪才消失。如今在大多数生产行业中,质量仍是企业孜孜不倦的追求,只不过在各种表面的遮掩下不那么明显罢了。

戴明跟泰勒一样,思想完全被观察和数据分析所占据。从这方面讲,他也是启蒙运动的追随者,而且继承了理性管理的传统。可不同的是,他还认识到了工人在确保产品质量过程中发挥的作用。

泰勒、戴明以及理性管理遗留下的宝贵财富留存至今。从汽车、化学品厂到汉堡餐馆、呼叫中心这类流程密集型行业,生产率和生产质量都得益于他们的研究成果。泰勒和戴明带来的成本降低和质量提高,也使我们消费者深受其益。

在理性管理中,对管理者素质的要求不外乎善于观察、测量、分析以及能清楚地传达指示,这些要求基本上属于智力技能。好智力是取得管理成功的关键,时至今日这种观念依然广为存在。在很大程度上,进入商学院仍然要以一种智商测试的成绩为参考——研究生管理科学入学考试(GMAT)。真正的奇才精英都考入了哈佛大学,资质稍逊的就选择一家不甚知名的二流商学院,在晚间修个远程工商管理硕士课程。考入哈佛、沃顿、斯坦福、斯隆、耶鲁的 GMAT 分数中值是 710 至 720 分,这个考分在全部考生中排前 7%;而能参加以上学校考试的全部考生,又把自己摆在同龄人中最为聪慧的行列中。人们还有种根深蒂固的想法,认为未来的领袖一定是智力超凡之辈。我们稍后会发现,这是一种非常危险的想法。

二十世纪:人文科学的兴起

渐渐地,人们不再是生产和消费个体了。他们接受良好的教育,这意味着他们不仅能做更多工作,而且期望得到更多。他们开始选择工作环境,"一城一企业"的时代迅速结束。良好的社会保障也使他们在不能或不想工作时有了更多选择。管理者开始发现,工人们跟他们一样,有期望和恐惧。换言之,我们发现工人是人而不是机器。这个发现给管理带来的后果是毁灭性的。

在泰勒撰写《科学管理》的同时,弗洛伊德(Freud)和他的学生荣格(Jung)也在尝试开辟研究和了解人类的先河。至于他们成就如何,现在尚存争议,我们暂且不谈。一个崇尚实干、拼搏的世界,还没准备好应对诸如梦境、无意识状态、压抑的性欲这些虚无的东西;只靠书本而不通过精神分析学去对比,难度很大。但即便在当时,也有一些先驱开始认识到,工作场所不仅是一个经济实体,更是一个社会实体。早在1920年,爱德华·李·桑代克(E.L.Thorndike)就使用了"社会智力"一词来描述管理人员的方法。

管理者也慢慢认识到,管理不仅是命令和控制。要把员工的潜能发挥到极致,你就得把他们当成"人"来对待。管理者学习了影响和说服的艺术。打造一个高效运转的工作场所更多地取决于承诺、奉献,而不是默认、顺从。获得员工的承诺和奉献并非易事,但这是一项回报丰厚的投资。

桑代克早期预言将会出现的各种现实,终于在管理学理论的发展中逐一得到印证。在桑代克出版其著作75年后,丹尼尔·戈尔曼

(Daniel Goleman)出版了《情绪智力》(*Emotional Intelligence*)一书。如果说泰勒是理性管理最高教父的话,那戈尔曼则是情感管理的最高教父。

戈尔曼再次确认了许多执业管理者已共知的一个事实——单纯依靠理性管理无法取得成功。成功的管理者既需要良好的智商,还需要优秀的情商(情感商数)。对管理者的衡量标准提高了。在本质上,丹尼尔·戈尔曼的理论与泰勒的理性理论相去甚远,戈尔曼谈论的是四项关键素质:个人意识、个人管理、社会意识和关系管理。在过去十年中,尽管整个情绪智商领域的专家学者就此做出不懈努力,但以上这四点素质仍然难于定义、测量或学习。

二十一世纪:回归未来

如果优秀管理者只要具备高智商和高情商的话,那一定有什么地方不对劲。看看你所在的组织,你可能会发现有些人既聪明又和善,但他们在组织中不为人注意和理睬,事业发展停滞不前。而还有些人不那么聪明和友善,却似乎平步青云,步步为营,利用前者作为自己晋升的垫脚石。显然,要成为优秀管理者,还缺一点儿什么;要取得成功,仅有高智商和高情商是不够的。

缺的这一点,叫权力。

有效力的管理者需要智商、情商和政商——政治商数。由于管理者工作的本质发生了改变,因而权力技能如今越发重要。现今,管理者发现他所担负的责任超过所掌握的权力是常有的事。过去,管理艺术就是通过他人把任务完成,这里的“他人”指在管理者管理权限内的员工。现在，管理者需要对不在他管理权限内的员工发号施令，调动他们把任务完成。管理权限的缺失改变了一切。在你没有正式权限的时候，也能成事，这就需要新管理技能。这些新管理技能包括：

- 建立充满信任和影响力的网络；
- 创建联盟，促使事情成功；
- 应对冲突；
- 制定企业工作议程，以符合自己的需求；
- 处理组织内部的冲突和抵触；
- 应对模糊性和不确定性；
- 为自己寻找适合的任务和项目；
- 发现在企业中生存和成功的真正法则。

对努力完成工作、促使事情成功的管理者来说，以上都是他们所熟悉的任务。这些既不是智商技能也不是情商技能，培训中根本没有这些课程设置，年度业绩评估中也没有这些内容的考核。可这些技能却将两类不同的管理者区分开来：一类高效能干，表现优异；一类勉强应付，表现平庸。

在许多组织中，政商技能尚未被人力资源部门所发现或重视，这是由于他们没能找到培训的正确方向。在另外一些组织中，政治效力这个概念可谓声名狼藉，它根本就被当做卑鄙龌龊的代名词——人们总把它与赤裸裸的功利主义和暗地重伤同事的老板联系起来。

其实政商技能跟智商或情商一样，不过是个人发展所必备的能力。这种能力能使你在企业中的工作更加有效。随着企业进行裁员、重新设计、结构矩阵化、业务复杂化、精简机构,政商技能也越来越重要。在以传统的命令和控制风格管理的组织中,权力所在一目了然,怎样能达到成功也相对简单——那就是问老板。而在复杂的矩阵式结构中,管理者不能依靠老板给他们指方向、定调子,他们必须建立自己的权力源泉。这个权力源泉就是个人的影响力网络和共同利益联盟,这是真正成事的因素。这种非正式权力如今成为管理者的必备工具。

显然,政商不是忽然间凭空产生的。跟智商和情商技能一样,政商技能也一直非常重要。意大利新兴资产阶级思想政治家马基雅维里(Machiavelli)1532 年出版的《王子》(*The Prince*)一书,就是政商技能长期存在而且至关重要的证据。可是直到近期,政商技能还被人们看做与政治领域相关的东西,以为只有政治家和参选的政府官员用得着,而不把它看做工作中的必备技能。称一名管理者"政商高"仍然是一种侮辱,不会被看做赞美。政商技能是一种古老、传统的能力,但对于企业的工作场所,它还是个新概念。

培养智商、情商和政商:管理学发展的巨变

许多组织默认的是,员工要么有智商、要么有情商、要么有政商,要么就什么都没有。而且组织乐于测试智商,但他们不向你建议"智商要再提高一些"。如果你智商够高,那就录用;如果智力平平,"抱歉,再见"。这种关于智商、情商和政商的想法非常危险,因为它认为好管理者是天生的,不是靠后天培养的。英格兰以及世界大多数国家的历史,就是对此进行的长达千年的试验:这被称为精英统治和皇

权统治。这说明,凶杀犯、窃贼、疯子和无能力者(还有怪异的英雄和天才)统治我们千年之久,而我们却乐在其中。政要选举有所进步,但也好不到哪儿去;在这个遍布天才管理者和领袖的世界,如果你不是位精英统治主义者,不是天资聪颖、卓尔不群,那么你就毫无发展前途。相比之下,后种情况似乎更糟糕一些。

对管理者而言,好消息是智商、情商和政商,不论我们拥有或缺乏,都不是天生的特性,而是一系列、分散的、可以习得的技能。这些技能就和玩一项运动或演奏一种乐器一样,你绝不可能因此成为一名国际巨星,但通过培训和练习你可以更加熟练和优秀。

商业智商跟学术智商不同。大学教授们成不了伟大的商业领袖,他们大多数人连自己的学院都难以管好。商业智商技能主要包括以下内容:

- 决策;
- 解决问题;
- 管理预算;
- 战略思考;
- 组织项目;
- 准备报表和演示材料;
- 审阅材料;
- 分析数据。

在一些公司中,商业智商被称为"商业判断"。这说明两种情况:你有或者没有这种判断。这种宿命论的观点对商业发展和管理者培训都是不利的。实际情况中,这些技能都可以通过学习获得。技术培训会起一定作用,但非全部。比如说,技术培训可以教你制作报表,但读懂报表就需要验证假想、熟悉业务以及了解制表人——因为有些人值得信任,而有些人不值得信任。

在大多数管理的核心内容中,智商是一种经验积累而非学术才智。这听上去似乎是不给年轻人晋升机会的借口,其实不然。实际工作中,经验的获得是呈螺旋上升趋势的。你可以通过学习同公司或类似岗位上同事所积累的经验,加速晋升的进程。这种学习不是商学院教授正统派学说或运用什么学习理论,而是针对你所在的情境,学习实践中奏效可行的东西。

人们通常把决策力看做优秀管理者的先天素质。有些人干练果断,有些人犹豫不决,还有些人自以为果断,却不断更改主意。甚至决策力也是能从经验中学习获得的。一部电影看了五遍之后,你就知道接下来会演什么。如果你经历过五次危机,或是五次目睹不同的人在处理问题过程中表现不佳,或是五次陷入自己部门内的政治僵局,你就能记住危机、问题或僵局的类型。其实,决策力并不具有什么先天特征,它就是人们对类型的简单认知。那么,决策力的学习就是此类型的学习了。风险管理公司擅长风险管理,不是因为他们具有天生的管理才能,而是他们从多种经验中学习,认识了风险类型。

我们身边不乏一些才华横溢的高智商管理者做得如鱼得水,也有一些管理者资质平凡,但工作得也不错。幸运的是,企业和管理者都不认为管理智商是与生俱来的。我们可以通过把有效的经验和方法系统化,然后在组织内分享的方法,培养个人和组织的智商。

情商跟智商情况相同。有很多测试方法可以测出你情商几多,但如果我们把情商也看做是一系列、分散的、可以习得的技能的话，我们也可以培养管理情商。对管理者来说，情商高不代表人们都喜欢你，而代表工作实干高效。管理者必须知道如何持续不断地、最大限度地挖掘员工。这意味着管理者需要具备以下一系列核心情商技能作为管理工具：

- （长期的）激励员工；
- 影响和说服他人的技能；
- 培训；
- 授权委托他人；
- 克服阻力；
- 调整以适应不同风格和情境；
- 自我管理：包括时间、情绪和风格。

跟智商技能一样，情商技能也是通过学习经验和识别类型获得。生活中不乏各种书籍和课程，声称能提供完美的管理方案，教你如何激励、影响或训练他人。这些书籍和课程通常是给管理者提供一个思考框架，让他们在此框架下思考自己的经历，然后再教他们如何改进。大多数管理者会发现，比起书本和课程中的理论，现实往往困难和复杂得多。即使是最好的框架也需要根据每个管理者各自的风格和情境调整。换句话说就是，经验学习和类型识别的方法比理论有效得多。

经验学习和类型识别的重要性，意味着管理技能的培训必须有所改变。当然书本、课程和理论依然占有一席之地，在某些程度上看，它们是由几千名管理者的经验积累而成。但管理者想学的是在自己工作情境中更有效的方法。其他行业管理者所积累的经验固然有趣,但与自己的相关性较小:教师、军官、银行家、药剂师、公务员如果彼此交谈,可能会有所启发。但如果想知道什么方法真正奏效,他们会立即向处于同情境下的同行们求助,因为只有同行才懂得彼此面对的挑战和难处是什么。

管理能力培训必须摆脱那种简单的"花钱上课"的方法。即便是各培训机构能够提供个性化的课程,事实仍然是——培训机构把他们的世界观强加于你以及你所处的现实情况。更加有效的培训方法应该是有一种结构模式,同行们在这种模式下相互学习。这种方法已经开始出现了:教育行业中的"活动学习法"就是一种描述教师之间如何彼此学习的新奇方法。同行小组学习法具有更高的情境相关性和可信性,而这些都是行业外的培训机构所不具备的。在这种学习法中,培训机构所扮演的角色不是传授玄乎其玄的理论,而是构建一种模式,促进同行之间学习。

政商:革命欢迎你的到来

政商是革命的核心部分,管理者在实践中会遇到这一点。灵活巧妙的处理政治是在无序的新世界中取得成功和领导地位的关键所在。管理者不能再依赖正式授权完成工作任务,他们还要懂得如何获得并利用非正式权力。这是管理者需要克服的又一困难。鉴于这是一个新概念,它到底关于什么内容,值得我们详细探讨一番。

政商并非是关于为了实现个人抱负、暗地中伤同僚的厚黑艺术。政商的形式早已存在,最早可以追溯到人们形成社区之日起。政商是关于在组织中成事的艺术，尤其是当管理者发现他们的责任大于权限的时候。政商也指为了达到工作的正式要求，获得所需的非正式权力的过程。跟管理者所经历的一样，政商是管理的核心部分。

上面概括的描述了组成政商的核心技能，此处我们再重复一下：

- 建立充满信任和影响力的网络；
- 创建联盟，促使事情成功；
- 应对冲突；
- 制定企业工作议程，以符合自己的需求；
- 处理组织内部的冲突和抵触；
- 应对模糊性和不确定性；
- 为自己寻找适合的任务和项目；
- 发现在企业中生存和成功的真正法则。

对政商效用的研究是刚刚出现的一项艺术。跟智商和情商情况相同的是，管理者的政商高低，我们也用一系列行为类型进行区分。我在《如何领导》一书中对这部分内容进行了论述，《工作中的权力》(*Power at Work*)中讲述的更为详细。下面我们列举出这四种行为类型的示例。

1. *建立网络*。高政商的管理者建立非正式影响力和权力网络。该网络的基础不是友谊，而是共同利益和相互尊重。网络经济学非常适用于权力网络，网络越强大，人们就越愿意加入其中。结果，强大的网络越发强大，而弱小的网络将始终弱小。这在大多数组织中都很常见："强权者"吸引到更多权力，网外的人却发现很难进入。这是职业管理中非常重要的一点。当猎头公司为一家新组织物色好一位高效能干的管理者时,管理灾难随后就会到来。这位高效能干的管理者之所以高效能干,很可能是由于在为上一个雇主工作的多年中,他全力而精心地培养自己的影响力和信任网络,直至网络发展到最大。而在新组织中,这位"强权者"没有权力网络,因而无法成事。忽然间,"强权者"表现为能力不足,终于又选择离开。虽然这种情况往往以文化冲突和其他原因为借口,但深层次的原因往往是权力和能效。

2. *建立信任。* 建立网络是说起来容易,做起来难。网络是一个节点、一个节点地逐渐建立起来的,这就需要与整个组织中的一系列人之间培养信任,而这一系列人的工作优先级、看问题角度以及性格个性都与你不同。一个商业环境下的信任需要反映出以下三个因素:

(a)寻找共同价值、目标和优先级。这点内容一方面指统一企业发展进程:例如,营销和财务虽都拥有把企业利润最大化的共同需要,但他们工作中有不同的优先级。不论怎样,总能找到共同之处。优秀的政客不仅能找到理性共同点(商业发展优先级),也能找到感性共同点。感性共同点可能是工作之外的共同兴趣,或是对工作中事情如何处理的相同态度,只有拥有共同语言才有可能建立信任。

(b)展现可信度。有人拥有与我们相同的价值取向和工作优先级,我们可能会喜欢他,但不会信任他,除非他能兑现承诺。可信度有时可能来自最细微的事情,比如会议之后及时跟进——发出会议记录或感谢邮件。但如果在一些大的方面无法兑现承诺，那就完蛋了。兑现承诺仅凭政治家诚信是不够的——政治家不是一直标榜自己诚实有信，最后在法庭上才被证明是一个说谎大王的么？闪烁其词、顾左右而言他既是掩饰的诀窍，也是语言的弊端。相比之下，商业诚信面临更大的障碍。商业诚信要求设置清晰的期望值，然后明确达到该期望值。如果达不到，还不能用政治家的说辞来逃避损失。因而，高政商根本不是权谋政治和欺骗，只有靠诚信和正直才能获得高政商。

(c)管理危机。大多数人都是规避风险的。风险越大，所需的信任就越大。路遇陌生人，我可能会相信他给我指路，但我不会让他托管自己一生的积蓄。对管理者而言，这意味信任需要逐渐培养和增长。如果在小事上能表现得值得信任，那我们就赢得了在大事上被信任的权利。如果要倡议一项大的风险性方案，我们需要把方案分解成一块块小部分：先做试点；证明概念可行性；分阶段实施方案以降低每阶段风险。

3. *取得控制权。* 约翰·梅杰(John Major)任英国首相时，曾被谴责为“当位不当”。权力不仅是位置，还指你该如何利用这个位置——你必须取得控制权。拥有权力的时候，你要么利用它，否则你就会失去它。高政商管理者要取得控制权，有以下两种简单的办法。

(a)讲故事:如果你高深、精明,我们可以把讲故事称为创造愿景。在你讲的故事里,要包含你公司的定位、发展方向和发展方式。换言之,就是故事中要有计划,而且计划要简单:只有简单的计划才能被记住,更何况随后的执行了。简单的故事应该是这样的:"今年我们要削减成本","我们要第一个把这种新装置推向市场"或"今年我们要确保质量和零缺陷"等。故事可以帮你安排工作优先级,然后集中力量完成;故事还能告诉你不要做什么,这样你就可以把精力放在重要的事情上。化繁为简可能很困难,而且需要勇气,因为这意味着选择。

(b)先发制人:如果你想安排工作议程,那你一定要最先提出建议,让接下来的讨论围绕你的期望进行下去。如果你想为下一年度争取充足的预算,那就早点做打算、设置好期望值,然后使谈话围绕着自己的期望值进行下去。在任何一个组织的发展中,都会有怀疑和不确定的时候,此时谁也不知道该如何行动。但这时候,高政商管理者会作出承诺,以行动填补不确定的空白。先发制人能让管理者取得控制权,按自己的期望安排工作议程,而不是让自己为事情所支配。

4. *选择战斗。* 组织中充满冲突。随着组织层次调整以及结构由功能性转变为矩阵式,现在管理者需要在更大范围内与各类部门打交道,对更多优先级相冲突的工作进行安排,因此冲突的范围也越来越大。知道哪些战斗该打、哪些不该打是有好处的。2500 年前写《孙子兵法》(*The Art of War*)的孙子曾提出了三条战斗法则，这三条法则在今天也一样非常适用。

- 只在战斗的奖励值得时才战斗，否则不战。
- 只在知道自己能取胜的时候才战斗，否则不战。
- 只在没有达到目标的其他办法时才战斗，否则不战。

大多数企业失败都是由于以上法则中至少一条没满足，甚至是三条法则都没满足。高政商管理者懂得战斗时机，部分原因是他们非常看重结果——如果知道什么重要、什么必须通过努力才能获得，那他们就知道哪些战斗必须打。

毫无疑问，高政商技能不仅包括这些内容，其他的政商技能还有：

- 怎样（通过表现的可有可无）获得信誉；
- 怎样获得名声要求权，并提出这种要求；
- 怎样做到只关注结果并努力取得；
- 怎样找到组织中的权利源泉；
- 怎样自我定位并担当职责；
- 怎样找到适合自己的工作和项目。

以上这些技能反映出许多组织日常运营中的实际情况和挑战，还能帮我们区分开成功管理者和不成功的管理者。尽管管理者知道这些技能很重要，可评估制度从未对他们进行过此方面的跟踪、考评，组织也未给他们提供过相关培训，管理理论也基本上忽略这些政商技能，而一直对传统的情商和智商技能情有独钟。

无论于管理者还是于企业而言，对政商技能的这种偏见都是不健康的。培训政商技能可以培养管理者在复杂组织环境中成事的能力。这是项非常实用的技能:管理者能以此把组织凝聚在一起。在未来无序的新世界中,处于领导位置的管理者一定是高政商管理者,因为单凭发达的商业智商和情商已经不能引领世界了。

小 结

现在,管理者这种工作正变得与以往越发不同。管理者虽然仍是凝聚组织的黏合剂,但不再是单纯地连接组织上下层,而是连接权力和影响力网络,通过他人的作用成事。这就需要一套的不同技能。管理者不必再自己殚精竭虑,然后将产生的想法安排给只动手不动脑的工人们。这种工作不再是靠命令和控制完成,而是要对整个权力和影响力网络的技能进行整合、协调,帮助组织找到最佳解决方案并予以实施。这种工作已从指示员工变为激发员工。以上这些都使管理者的工作更加难做,回报也更加丰厚。做管理者不仅需要传统的智商技能,还需具备情商和政商技能。后两者虽是新技能,但通过学习可以获得。这样说来,管理者就能够通过努力掌握自己的命运了。

第十一章

领袖：英雄不再

大多数革命都由领袖带领。在一些人眼中，领袖就是领袖；而在其他人眼中，领袖却是恶棍。对列宁(Lenin)、毛泽东(Mao Tse Tung)和拿破仑(Napoleon)，我们可以喜欢或憎恶，但有一点不容置疑，那就是他们改变了世界。管理革命到来时，这种本不光彩的"事迹"，却成了诸多商业和银行业领袖继承的传统——他们在信用危机的基础上也附加制造了经济混乱。

然而，商业革命不是领袖的变革，是管理方式的变革，领导力的变革。在这场革命中，我们看到的不是商业领袖边挥舞革命旗帜、边宣布世界新秩序的到来，而是陈旧的正统学派让路于新的领导方式，这就是领导力变化的本质所在。

无序的新世界对领导学的传统观念提出挑战。本章我们将对领导学面临的三大挑战进行探究，并针对每种挑战提出建议。

1. 领袖偶像是英雄人物，他们真切地存在。但这种存在不利于组织管理。
2. 盎格鲁撒克逊的领导学理论行将就木。
3. 对领导力的培养开发，尤其是工商管理硕士课程，是种不完整的模式。

领袖偶像

人人都喜欢英雄。从蝙蝠侠(Batman)到丘吉尔(Churchill)和曼德拉(Mandela)，英雄拯救世界的故事和传说被人们争相传颂。商业世界亦如此。商业领袖成功了，便被奉为英雄；但如果他们破产了，英雄就成了狗熊、恶棍。不论是繁荣还是萧条时期，媒体的目光总是集中在公司的高层管理人员上：他们在《金融时报》上刊登高管的相片，或在《华尔街日报》上刊登一幅他们的惟妙惟肖的铅笔画。这是由于人物和名人故事总能令报纸畅销，但管理故事却做不到。

发展形势一片向好时，人们对英雄歌功颂德。弗雷德·古德温(Fred Goodwin)成功地为苏格兰皇家银行削减了成本、赚取了利润，因而被称为“剪刀手弗雷德”。而当公司最终因决策失败走向破产时，“剪刀手弗雷德”就成了“死神弗雷德”。在媒体眼中，弗雷德如同哑剧中的恶人，对这家银行尽挥霍之能事，大捞分红的同时还赚足了养老金，终于把银行搞的破了产。媒体将苏格兰皇家银行的成败完全个人化，这种做法虽然娱乐大众，但却具有误导性。弗雷德掌管银行不是凭一己之力，而且苏格兰皇家银行也不是唯一一家破产的金融机构，2008年下半年，业内一连串拥有响当当大名的银行接连被施以紧急财政援助或被接管:美国国际集团、雷曼、贝尔斯登、美林、房利美、苏格兰皇家银行和苏格兰银行集团哈里法克斯银行(HBOS)都是众所周知的破产案例。对大多数行业或公司的成败,如果只突出领袖一人的作用、把他们看成英雄或恶人,我们就不会找到真正的原因所在。这是由于系统的成功或失败是系统自身造成的,与个人无关。同理可证,一些组织的领袖拿高昂的薪金就没什么道理了。

领袖偶像不仅是媒体打造的幻想,也是公司内部尊奉推崇的神话。企业业务通讯和年度报告就像苏联时期的《真理报》(*Pravda*),充满了对最高领袖(及某些英雄员工)的颂歌。领袖的神秘气息还萦绕在董事会上方。1965 年以来,美国首席执行官的收入中值从平均水平奋起直追,至今达到美国平均收入的 20 倍到 200 倍。首席执行官收入平均数增幅更大,达到平均收入水平的 275 倍。换句话说,一位普通首席执行官年收入是一位普通工人一生收入的 6 倍。首席执行官收入的迅猛增加,部分可归结为技术原因。董事会的薪酬委员会在研究首席执行官的收入水准时,认为其收入应在平均水平之上(不然雇用首席执行官干什么呢?),因而就支付了高于平均水平的工资。这样一来,整个收入水准就提高了,其他公司的薪酬委员会也相应提高了本公司首席执行官的收入标准。结果首席执行官的收入如同乘上了一列单向电梯:只上不下。但首席执行官收入猛增的主要原因,却是人们日益强烈的奉首席执行官为英雄的观念:要解决公司的所有问题,就得聘请一位了不起的首席执行官,只要我们给出可观的薪水,他必能力挽狂澜,化腐朽为神奇。其实,很多公司的问题远远超出任何英雄的能力所及,恐怕连大力英雄赫尔克里士(Hercules),在面对通用汽车和福特这样的难题时,也会避而不及。

在人们对伟大领袖追捧浮夸的背后,有这样一个事实:企业家通常符合领导学理论中的领袖模型。前几代的领袖卡耐基、摩根和盛田昭夫(索尼)以及当今的布兰森、米托和默多克(Murdoch),他们的远见卓识和强大干劲使企业得以生存和发展,他们的才华令人敬佩赞叹,他们的财富是我们根本无法想象的天文数字。而未来,下一代伟大企业家创造的财富、建立的企业,也会令后人折服。

然而,绝大多数企业都是自成立以来,经过了几代相传才发展至此。这些企业的发展凭借的不是一个人的才华,而是企业的整个系统。沃伦·巴菲特(Warren Buffet)曾这样写道:"我只给那些连傻瓜都能经营的公司投资,因为总有一天会有个傻瓜去经营它"——他侧面地表述了这一点。如果一家成功的企业真的连傻瓜都能经营,那人们为聘请英雄领袖而支付的高昂薪水似乎就是浪费了。

在《基业长青》(*Built to Last*)一书中,科林(Collins)和波拉斯(Porras)通过研究长盛不衰的企业指出,这些企业根本不需要英雄领袖。在许多相当成功的企业中,首席执行官并不是个家喻户晓的人物。比如,几乎每个家庭都有几件宝洁公司的产品,像洗涤剂、洗化用品、卫生纸类产品或化妆品等,可大多数人却难以说出宝洁公司任何领袖的名字。自宝洁公司 1837 年成立以来,它一直维持着公司规模每十年翻一番这个发展目标。这个目标听上去似乎不大,但是 170 多年以来,它使宝洁成长为年营业额高达 830 亿美元的全球巨人。所以说,要成为巨人并不需要采取什么英雄主义的举动。同样道理,大多数人也叫不出丰田或本田现任首席执行官的名字;相比之下,垂死挣扎的福特和通用汽车两公司的首席执行官倒是更为人所熟知一些。世界上最成功的专业服务企业如德勤、普华永道、高伟绅律师事务所(Clifford Chance)、年利达律师事务所(Linklaters)或贝克·麦坚时国际律师事务所(Baker & Mckenzie),他们的首席执行官几乎没人听说过。因而,长久的成功好比和风细雨,瞬间的成败犹如电闪雷鸣。我们要做的是,更加认真地关注成功者带来的和风细雨。

如果我们不需要把领袖当成英雄,那么他们该是什么样呢?

通过对国有企业、私人企业以及慈善组织2 000多位领袖进行访谈和调查,我发现了人们对领袖的期待是什么。在人们期待领袖所具备的众多素质中,前五条素质非常简单。

- 愿景;
- 激励他人的能力;
- 决策力;
- 处理危机的能力;
- 正直诚信。

接下来,我们会逐条讲述每条素质在实际情况中代表着什么。在此之前,请先注意:什么内容在以上五条中没被提到?——上面这些素质中没有一条是关于领袖气质或感召能力的。感召能力或许是种不错的素质,可此处并非必须,但缺无妨。在我访谈过的领袖中,没有一位被评价为领袖魅力超凡或感召力强大,但他们所有人在管理各自企业时都高效实干。领袖气质或感召能力是没法教授的,或许医学终究能发明出这两种素质的移植办法。而我们期待领袖所具备的所有其他素质,都可以通过学习获得,无非是掌握程度多少的差异。在实际情况中，企业需要的不是鼓舞感召型的领袖，而是专业领袖。

下面看看我们真正需要的领袖是怎样的：

愿　景

愿景是危险的。每位带领你去往福地的领袖，都可能面对数十位反对者，径直把你带回沙漠。对商业领袖而言，愿景未必要宏伟或英勇，你也未必要像马丁·路德·金（Martin Luther King）一样高呼“我有一个梦想……”。如果工作中你有什么梦想，最好守口如瓶。愿景简单得多，它不过是由三个部分组成的故事：

- 我们在哪儿；
- 我们去哪儿；
- 我们如何到那儿。

为了让这个故事更加令人信服和激动人心，领袖又加了第四点“你非常重要，能够协助我们一起到达福地”。换言之，他们使愿景更加个人化，使它与每个个体息息相关：比如说，将企业的每股收益率提高15%的确很重要，但这跟企业看门人又有什么关系呢？

激励他人的能力

在激励他人方面，领袖表现不佳：仅有46%的被调查者认为，他们的领袖在激励团队方面做得不错。激励，既不单纯是“一分钟管理外加几分补充手段”这等简单，也没有“管理者非要花费时间和精力研究心理学”这么复杂，这需要一个折中方式。在调查中，我们发现了一个问题,这个问题如果从正面来回答,领袖几乎能在所有方面获得不错的评价。这个问题就是:我的老板关心我和我的职业生涯(同意或不同意)。对每个员工表现出真诚的关怀,关照他们,他们自然也会关照你。这听上去很容易,其实不然。在日复一日的文件处理、战略研究和危机化解等各项工作的重压之下,很容易忘记关照员工。每人都有不同的需求,因此,在团队中多投入一些时间关注他们的需求通常会产生较高的回报。

决策力

决策力,跟判断力或领袖气质这些素质一样,听上去很神秘。这些神秘的素质你可能有也可能没有。决策力不是天生的,是可以习得的。相比优柔寡断的人,有决策力的领袖通常具备以下两点优势:

- 他们具有清晰的愿景、价值观和处理事情的优先级。这就使他们在面临两个具有同样吸引力的行动路线时,容易作出选择。
- 他们提前对事情的各种情况做好准备。如果你经历过同样类型的事情,那也更容易预测出接下来会发生什么。你大可不必等上 25 年才具备这种经验,你可以从别人的经验中学习,哪怕是最窘迫情况——譬如运作不佳这类问题,也能对你有所启发。

处理危机的能力

在大多数危机中,人们会自然产生恐惧、不确定和怀疑情绪。能够消除这些情绪的领袖往往被人们看重:即使在最黑暗的情境中,优秀领袖也能让人们看到清晰的未来和希望。他们不是焦灼于过去或怨天尤人，而是着眼未来，促使人们行动。跟决策力一样，处理危机的能力也是可以习得的。危机管理公司之所以取得成功并非因其管理者具有天生的才干，而是因为他们积累了丰富的经验。领袖也一样：通过从自身以及他人经验中学习，提高自己妥善处理危机的能力。

正直诚信

对商业领袖来说，正直诚信不是道德和伦理说教，它具有更高的重要性和更强的持续性。正直诚信本质上还是信任问题，因为同事和客户都不愿与他们不信任的人打交道。要建立信任，你就要表现出与对方相同的价值观和目标，做到言而有信，并且在所有领袖感到棘手的情境中能迅速处理问题。正直诚信的作用关乎整体，任何在此方面不佳的人，在其他任何方面也难获赞誉。

此次调研所得出的结论是压倒性的：人们不期望领袖是充满非凡魅力的超级英雄，而只希望他们专业。而一位专业、实干的领袖所需的技能，都是可以通过学习获得的。

盎格鲁撒克逊领导学理论行将就木

盎格鲁撒克逊世界观占据了领导学的主要文献。在过去的30年中，管理学和领导学方面的三本主流著作，几乎完全建立在美式世界观基础之上。《追求卓越》、《基业长青》和《从优秀到卓越》三本书囊括了88家企业，而其中只有一家不是美国本土企业：《基业长青》

提到了索尼。索尼公司是由一个威尔士人创办经营的，他在美国取得了成功。

30 年前，人们或许还认为管理学和领导学的美国模型不光占据统治地位，它还是成功管理的唯一模型。自此之后，随着亚洲崛起，美国的霸权地位受到挑战。亚洲不仅是为沃尔玛的服装和玩具提供廉价劳动力的源泉，更对美国曾经占据半壁江山的整个汽车和电子消费品行业提出了挑战。2008 年，丰田公司最终超越了通用汽车，成为世界上最大的汽车制造商。

信用危机在媒体中引起了强烈反响，他们都为资本主义的灭亡扼腕叹息。甚至连曾不遗余力经营通用公司、保护股东权益的杰克·韦尔奇，也改变初衷，承认“表面上看来，股东价值是世界上最愚蠢的主意”。人们在为世界变化大为感叹，实际上，资本主义制度并未完结。现在是认识世界上还存在其他领导和成功方法的时候了。全球经济战争不仅是不同资本主义形式和不同比较优势之间的战争，也是不同领导方法的战争。

我曾与牛津大学合作，就英法两国人的领导风格对比进行了一个简单的测试。表面上看，他们应该差别不大。甚至天气晴朗时，两个国家都能隔河（运河）相望。根据城市拥有法国居民的人数，伦敦在英国被列为第六大法式城市，这也是法国总统萨科奇（Sarkozy）在 2007 年大选时对伦敦的一个称呼。我们对测试结果主要内容大致概括如下，随后访谈将揭示出英法两国领导风格的深层差异。

• 法国人更加强调“母校联系”：能进入法国国立行政学院（ENA）或其他法国高等专业学院（Grandes Ecoles）是谋求未来职业上升和建立人际关系网的通行证。半数以上的法国总理都毕业自ENA,而ENA一年的毕业生才100多人。相比之下,牛津或哈佛的毕业生倒像是人民党的底层拥趸者,众多而纷杂。

- 决策过程迥然不同:法国人称英国人富有实用主义精神和灵活性,这实际是客气地批评他们翻来覆去、怎么行得通怎么办;而法国人通过理性研究得出正确决定后,就坚决执行。
- 对沟通和权威的看法不同:法国领袖期望把决定阐释清楚,一次说清,然后所有人就跟着思想带头人的脚步走。而英国人会把更多的时间花在说服劝说上。他们不单纯依赖权威传递信息,看重的是对决策的承诺和决心,而不仅仅是服从。当你具有命令和控制权时,法国方法比较奏效;当情形模糊不清时,英国方法效果较好。

表11-1　英国和法国对好领袖的五大期望

英国	法国
愿景	处理危机的能力
激励他人的能力	人际网络实力
决策力	激励他人的能力
处理危机的能力	决策力
正直诚信	政治技巧

至于为何有史以来,英国人和法国人就互为敌人又互为盟友,研究结束时我们就有了一个清晰的答案。他们彼此极其相近,可又非常不同。英法两国人能达成一致的唯一一点就是:德国领导方式如

同噩梦一般。德国人学术上缺乏严谨性,对实际细节的过分关注使他们异常死板。当然,德国人也自有一套不同的观点。

比较一河之隔的两个国家,就能发现如此多的差异;如若纵观各种文化,文化差异则会数以倍增。表 11－2 是我们截取的关于各种文化的一个简单对比,这个对比带有很强的偏见性。

表 11－2　世界不同国家的领导风格

因素	英国	日本	传统社会	法国
决策过程	实用主义、沟通良好	一致同意	共同决策、开放	自上而下、经过仔细斟酌
阶级层次	称呼老板的名字	用语尊重	根据年龄和性别	关系决定 Tu、vous 和称号
人际网络	基于职业	基于经连会	基于家庭	基于学术背景
教育焦点	文科	数学、科学和工程	非正式的、口头的、通才	数学和科学
核心行业	城市、服务、媒体	工程、制造	生活供给品	工程、奢侈品
价值理念	道德规范、法律精神	诚实、有信,法律外围概念	尊重团体	诚实、法律的文本含义
授权、委托	责任超越权力	共担责任	以部门划分	责任要求权力
反馈	间接的、通常是正面的	回避	没有	直接的、通常是反面的、说教
身体语言	隐藏,迂回	正式、仪式化	开放	开放、直接
公开程度	伦敦温网式的开放	封闭	二元的	封闭的:革命而非进化

（续表）

因素	英国	日本	传统社会	法国
法律	习惯法、灵活	避免使用法律	传统、个人化	罗马法：高度规范性
思维	注重实效	实用哲学	传统	理论性的、基于原则的
会议	作决策	强化决策	社交型	表达观点、捍卫立场

这个表对比了英国、法国、日本和传统的领导方式。三年内，我们在日本建立了一家企业，通过对它的运营和观察，我们对日本领导方式进行了评估。对传统社会领导方式的评估，是建立在观察传统部落基础之上的，这些部落从马里、蒙古、北极到澳大利亚、巴布新几内亚，分布在世界各地。我们先不要急着抛弃传统社会领导方式方法，值得注意的是，相对西方组织而言，传统社会的生存环境相对恶劣，但生存时间却更长久。原始标准普尔指数中的500家企业，只有不到20%的企业在过去50年中存活下来。一个存在了仅10年的部落算不上成功，如果他们在没有银行家、顾问、律师、会计、人事员工、信息技术服务台（IT help desks）、电脑、电话、供电、自来水的条件下，还能存活下来，那就不一样了。在困难时期，我们能从他们身上学些东西。

日本这个国家不一样，它不仅是个不同的国度，而且更像来自另外一个星球。如果我们认为日本怪异的话，那西方在日本人眼中也是怪异的。一位日本企业领导终于鼓起勇气，问了我一个困扰他多年的问题："欧文先生，你们怎么会握手呢？"我大吃一惊。对我来说，日本人鞠躬这种礼仪似乎难以理解，而握手却简单得多。那试着给日本人解释一下握手的规矩吧——什么时候握手？谁先伸手？你怎么知道对方想握手呢？握手的时间和力度如何？握手时你该说些什么？突然间，鞠躬相比之下似乎非常简单，因为至少鞠躬的规则清楚，而且通过名片上的信息足以看出一个人的地位，便能以此判断谁应先鞠躬，或谁应鞠躬更深一些、更久一些。如果连这么细小的事情都如此不同，那么领导学理论中的决策、权力、授权、激励等这些重要方面的差异就更为巨大了。

从人类学这一更广阔的角度探究跨文化领导风格，现在不是时候。如果我们能发现不同领导风格间差别巨大、懂得这些差别的重要性，并明白不能把盎格鲁撒克逊模式当成唯一可行的领导模式，这就足够了。下面的几个例子——虽有夸大讽刺之嫌，但也足以说明这一点。文化内部差异与文化之间差异一样多，我们这里列举的是些较为常见的差异。

思维和决策

前面我们已经对比了灵活、实用主义的英国人与理性、学术为上的法国人之间的不同。日本人与二者不同:他们实干、注重细节，而且还能达成一致意见。所以召开会议不是为了决策，而是为了把私下做好的决定拿到公开场合加以巩固。这种结果就导致决策过程缓慢，但执行迅速。这与很多盎格鲁撒克逊公司决策快、执行慢的特点恰恰相反。传统社会又不一样:他们通过沿袭传统或援引口述历史的办法作出决定。在那些未开化的文化中，援引参照先例是一种极其强大有效的决策原则。

人际网络

前面我们看到了法国人基于“母校关系”建立的强大网络，与之截然相反的是盎格鲁撒克逊民族（和一些商学院）以职业和私人网络为基础建立的人际关系网。而在日本，网络是建立在经联会基础上的。经联会是以日本一家最大的交易公司 Sbosba（sogo Sbosba）为中心，通过交互持股而形成的公司联合，比如丸红（Marubeni）、伊藤忠（Itochu）、三井（Mitsu）和三菱（Mitsubishi）公司等，这些交易公司的收益会远远高于瑞士的国内生产总值。而在传统社会中，人际网络是建立在家庭纽带基础上的，因此婚姻的意义重大。中国人在东南亚散居的模式也是由家庭网络发展起来的。在中国大陆，“关系”（指联系，尤其是与政府之间的联系）尤为重要，这也是类似例子。

阶级层次

盎格鲁撒克逊民族的人对老板称呼教名。在极不平等、不民主的关系中，这种做法至少可以维持平等和民主的假象。法国人很享受各种人称的复杂后缀；日本人更甚，他们可能是世界上唯一使用敬语的民族。每当你开口讲话，你不仅是传达信息，还是在巩固你与对方的相对地位，因为对方的地位不同，你使用的语法和词汇也会不同。人在公司中的地位取决于职位、公司声望以及你的角色是供应商还是客户。妇借夫荣，女人的地位由她们丈夫的地位决定。部落社会的阶级层次取决于年龄和性别，而且角色清晰、规矩复杂，代代相传。

到这我们能很清楚地看出，世界各地关于领导学、管理学以及组织机构的观念有很大差异。主流文献以美国世界观为基础,狭隘而有限。在美国以世界最成功经济体称雄全球时,此等狭隘的观念尚且说得过去。而眼下,世界其他各国不仅迎头赶上,而且在某些方面也跃居前位,我们就需要将眼界放宽,看到并认可存在的不同领导模式。

最终,这对管理学是富有解放意义的。我们不必盲从某些学者的领导学理论,也不必仿效逐利的企业家和商业领袖在其自传中推崇的规则。我们完全可以创造自己的领导法则,迈尔斯·布里格斯性格类型参数(MBTI)等测试中提到的个性差异引起的狭隘局限,也能被逾越。

一种新的正统学说开始崭露头角。这种学说认为,领导学是与情境相关的,在一种情境下适用的风格未必适用于另一种情境。举例而言,对一位华尔街交易商来说,风险就是生命的源泉;而对华盛顿的公务员来讲,风险则像不稳定的氪元素活跃危险。交易商欢迎风险,而公务员规避风险,两者在各自的情境中都采取了正确的方法。如果争论交易商面对的风险太多而公务员太过安全稳定,这则是政策和辩论的问题了。毋庸置疑的一点是,人们在不同的情境下要采取不同的方法。

领导学的情境方法论过于浅显,以至于权威们虽然都声称找到了全球领导成功的独门法则,却忽视了情境方法论这个最显著的事实。像乔治·奥韦尔(George Orwell)说的:"只有通过不断地斗争,你才能看到眼前的东西。"而这种斗争,对吹嘘所谓成功法则的权威们来说,是力所不及的。

如果领导学讲究情境因素,那如何学会领导则是个有趣的挑战。

这表示，我们不能通过遵从什么法则、读本什么书或听个什么演讲，就发现了领导学的秘密武器，随后就突然变为领袖。关于如何学习领导，将是我们下一部分探索的主要内容。

对领导力的培养开发，尤其是工商管理硕士课程，是种不完整的模式

想一下这个问题，你是怎样学习领导的。我问过几千位主管，唯有这个问题大家的回答是一致的。为了让你的选择更简单些，请从下面六种方法中选出两种你学习领导的主要方法。

- 书本；
- 课程；
- 老板（正面或反面教材）；
- 行为榜样（工作中或工作外）；
- 同僚；
- 经验。

基本上没有人选书本或课程。这对出书或教课的人来说，可能不是件好事儿，但是，如果大家都不认为能从课程中学到东西，那整个领导力开发行业的价值所在就有问题了。但这是很自然的反应，因为你不可能读书读到某一页时，就一下成了领袖。即使读我的书《如何领导》，也无法让你做到这一点。

实际情况中，人们从自身及他人的经验中学习如何领导。看到别人把问题处理得巧妙漂亮，他们会学习模仿，如果仿效成功，他们

就把这种方法收藏到自己的锦囊里。相反，看到别人把事情搞砸了，他们也会悄悄记下来，以防自己出现同样的错误。每人都会创造自己的领导方法，像个人 DNA 一样独特。但有时，也可以通过向别人的 DNA 求援、借鉴或偷师，为自己的 DNA 获取些许片断。

从经验中学习的方法随意、无章，而且也浪费时间和精力。遇到正确的经验，你就踏上了通往成功的大路。如果不幸，没能遇到合适的经验、任务或老板，你可能身陷迷途、徘徊不前、施展不开。此时，就是书本和课程发挥功效的时刻了。好的书本和课程，能帮你在随意、无章的学习过程中，搭起一些架构，加速你学习的过程，最终帮你培养出自己独特的成功领导法则。

相反，糟糕的书本和课程总是试图教你一些通用法则。最低级的情景就是：一组人围坐在一起苦思冥想，试图猜出该在挂图上填写哪个因素，才能符合自己在培训课上学到的经销理论。还有一种情景可能更有意思：演讲人尽煽情鼓动之能事，试图证明自己已成功破译了领导学密码，最先在领导学的研究中登峰造极，虽然他们根本就犯了研究方向错误、理论工具不足的错误。此类演讲，娱乐性通常与其实用性成反比。关于这点，圣经中有条经文适时的提醒我们该如何对待这类人："小心虚假预言者……可能有许多虚假预言者出现，欺骗许多人。"(马修 7:15 及 24:11)。

既然大多数书本和课程的实质如此，那么在组织困难时期，最先削减培训费用的做法不足为奇了。而且大多数企业对培训课程也并不感冒。英国特许人事与发展协会(CIPD)做过一项调查，发现为何人们对培训有抗拒情绪。以下是五项最主要的原因：

- 他们工作很忙；

• 有家庭或其他个人义务；
• 他们个人激励不足；
• 一线管理者的抗拒；
• 企业缺乏学习型文化。

我们要把以上这些原因稍作翻译，那就是：

• 他们工作很忙（＝培训不是我优先考虑的事情）；
• 有家庭或其他个人义务（＝培训不是我优先考虑的事情）；
• 他们个人激励不足（＝培训不是我优先考虑的事情）；
• 一线管理者的抗拒（＝培训不是我老板优先考虑的事情）；
• 企业缺乏学习型文化（＝培训对任何人都不是优先考虑的事情）。

对培训的抗拒还会随着职级的升高而增加。一位新主管可能急切地希望获得新技能，尤其是技术性技能。承认自己需要学习更多的金融知识没什么丢脸的，但参加有关激励的培训课程就代表不知道该如何管理员工。而且，这项不足人们也不情愿承认。这种惧怕承认不足的心理也会随着职级的升高而增加。一位拥有20年成功经验的资深主管是不会轻易接受培训师什么理论的，因为这些理论随时可能挑战并否定他自己之前的成功法则。管理者坚信的往往是实践中有效的方法，而不是书本中说教的理论。

在工商管理硕士课程中，理论与实践的鸿沟更加明显。我们发现，领袖声称自己从老板、行为榜样、同僚和经验中学习，书本和课程似乎与他们毫不相关。而工商管理硕士教育就是基于书本和课程开展的一种模式。

当然，工商管理硕士教育也不无优点，它对学员来说有两个好处。首先最重要的，它是一种面向管理人员开办的、精良的职业介绍机构，能帮学员调整或加速职业发展进程。商学院招收的学员都经过了严格的把关，个人素质颇高，能以此转换职业发展方向或加速职业进升过程，确实是一项值得投资的服务。其二，商学院能将知识系统化并使其代代相传——这一直是大多数学术机构办学的主要目的。能被系统化的知识是显性知识，诸如金融、会计，某些程度上营销、战略和组织设计也是，这些技术性技能是值得学习的。但是，领袖目前真正需要掌握的技能却是难以系统化或传授的。

激励员工、处理关系、创建具有影响力和信任的关系网、赢得老板、化解冲突和危机、接受适合自己的任务并能顺利完成等，这些都是难以系统化并教授的技能。一方面原因是人们处理这些问题的方式不同，最理想的方式取决于你所处的情境：化学品公司、志愿者组织、投资银行、行政机构以及不同国家，都有各不相同的生存和成功规则。结果，工商管理硕士教育严重与现实背离，在这种教育模式下，管理竟成了一种理性和学术性很强的学科。其实，任何在组织中工作过，并能驾轻就熟应对各种关系的人都明白，组织不是完全理性的，而是一个由充满希望和恐惧的各色人等组成、具有深层次人际关系的地方。如果你不能处理关系和情感，你就不能管理组织。这些隐性技能非常重要，即使再优秀的商学院也无法教授这些技能。不幸的是，哈佛商学院就在其网站上声称“专注于一个目的——培养领袖”。教授领导学的隐性技能是商学院无法做到的。工商管理硕士课程的名字起得好——它是工商管理学的硕士，能够教授管理性和技术性技能。但是，它培养不了领袖，即使是哈佛商学院做的动听广告也一样。

亨利·明茨伯格(Henry Mintzberg)和约瑟夫·兰贝尔(Joseph Lampel)对从哈佛商学院毕业继而成为首席执行官的19名"超级明星"进行了跟踪。结果,明茨伯格发现:其中10人彻底失败(公司破产、首席执行官遭解聘、大并购案例失败等);4人业绩只能说是有待商榷;只有5人做得似乎还好。这些数据虽具有一定局限性,但对工商管理硕士教育绝对具有颠覆性。

工商管理硕士们荣升为金融机构的高层管理人员。他们开始大把捞金,而他们的公司却濒临破产,这就直接推动了信任危机的到来。当然,哈佛商学院和工商管理硕士教育都不能为此担负全部责任,它们只是造成该结果的原因之一。但是,它们万万不是解决问题的办法。按照工商管理硕士教育案例法说的,一天晚上你对老虎机(Megabucks)这个游戏还一无所知,然后你彻夜通读案例,到第二天一早你竟知道如何玩了。工商管理硕士教育培养的是胸怀大志、技术能力强、但领袖才能缺乏的一代人。他们中的绝大多数,都进入了比较安全的咨询或银行等专业领域,这不足为奇。因为在这些领域中,交易一只债券或准备一个幻灯片演示并不需要多么优秀的领袖才能。但是,真正需要领袖才华的企业家大都没有接受过工商管理硕士教育。例如,盖茨(Gates)、巴菲特(Buffet)、乔布斯(Jobs)、布兰森、米塔尔、阿布拉莫维奇(Albramovich)等,都因"学位空白"备受瞩目。而幸运的是,他们也幸免了工商管理硕士教育对他们的毁害。

小　结

跟商业界所有其他成功一样,领导成功也是讲究情境因素的。不同类型的生存和成功取决于你的个性类型、你所从事的行业以及你所工作的国家。对正统派学说的追求就是浪费时间,因为不存在所谓的成功通用法则。特别要说的是,把美国领导学理论当做成功的通用模式——这种传统常识已经终结了。亚洲经济的崛起充分说明了世界上还有其他类型的模式,而且这些模式能与美国模式一样成功。这个现象推动了领导力开发行业的形成,包括图书、课程及许多其他开发形式的产生。这样解释了为何从业管理者对书本及课程持有怀疑态度。虽然也有一些好的书本和课程推出,但大部分还是垃圾。工商管理硕士教育教授的不是领导学,而是职业管理,它只能从技术层面教给人们一些管理技能。

对有抱负心的领袖来说,这些都是好消息。他们不必再订阅最新的理论期刊,以期能成为第二个某某某,唯一需要做的就是,以自己的经验和对同僚、老板及行为榜样的成败为基础,创造自己的成功法则。而书本和课程,只需借助其为自己随意无章的经验学习过程提供一些架构。

学习的自由不仅是机会,更是必需。要与世界其他国家竞争,我们就要向他们学习,否则就会被打败。我们需要抛弃偏执的思想,勇于学习。真正的领导力既不在于效仿公认的智慧,也不在于盲从流行的正统派理论——这样做不过是毫无创新地承接,充当遗产的管家。真正的领导力,在于能将人们带领到他们自己无法企及的地方,这需要不断地改变和创新，应对瞬息万变的世界。我们可以与众不同，这是我们的自由。但是，要成为具有影响力的领袖，我们还担负与众不同的责任。

结　论

在现代管理的帮助下，人类已取得了非凡的繁荣和进步。启蒙运动推动了工业革命，在启蒙运动质疑、检测、发展和科学化这些理念的基础上，管理学建立并发展起来。管理学的基础使管理者开始探求成功法则，以期改进战略、领导、财务管理、质量和生产力。这些法则的确有效，它们把建立在经验法则基础上的旧时惯例一扫而空。

但是，眼下现代管理正走向终结。简单化法则非但无法打造成功，还作茧自缚。各组织的人力资源差别不大，而每个管理者都采取相同的战略、领导方法、财务和组织法则，结果组织难以获得竞争优势。这种情况的后果，我们在很多行业中都见过——企业陷入了竞争僵局。僵局之下，管理层不得不每年加速发展，只为能在竞争大军中不掉队、保持相对静止。这真是残酷的生存。

魔力成功法则已经失去魔法。我们争相仿效的大公司，跟权威和学者口中鲜有提及的普通公司一样，也有"半途而废"的坏毛病。市场上这些根基牢固、发展成熟的在位公司正面临着暴发户的挑战：

暴发户没有任何资源，只有优秀的思想和雄心壮志；而在位者却发现很难跟上暴发户的节拍，因为后来居上的暴发户似乎采取了不同的游戏规则。忽然间，成功法则一下变成了囚笼，根基牢固的在位者无法从中逃脱。

世界在改变，旧的成功法则失效了。新世界需要新方法。这需要的不是零星的变化，而是广阔范围内的巨变。权力从生产者转向消费者，从西方转向东方，从股东转向管理者。管理者和企业都越发专业化。价值链在断裂重构的同时也经历着全球化的挑战。新竞争者如雨后春笋，层出不穷。技术使这些变化成为可能。但是，在技术控制我们之前，我们还要学会如何控制它。

“自由”专制正取代“统一”专制。过去我们所熟悉的法则不再奏效，员工终生依赖一份工作的时代已经过去。自由还同时带来了责任、压力和不确定性。我们不仅可以自由改变法则，还必须找到适合自己和公司生存及成功的法则。

如何应对新世界，企业也面临着选择。大多数根基牢固、发展成熟的企业会继续以往单调的工作方法，不断地改进——改进质量、引进新产品、优化及重组生产和管理部门、维护现有市场，他们越跑越快。而勇于与众不同的企业，才真正拥有未来——他们引进新的商业模型和发展思想。许多企业可能因此失败，但成功者必将成为未来的巨人。

管理者还要学习新方法以取得成功。他们不再是夹在组织顶层和底层之间的无名小卒。命令和控制的管理方法让位于协调和承诺：协调企业的不同职能，从没有控制权的员工那里获取承诺。为了促使事情成功，管理者不仅需要过去的智力和人际关系技能，还需要用政治技能来联结组织。现在这个世界对他们的要求更高，但其发展潜力，比以往任何时候都令人满足。

技术既能协助管理者，也能阻碍管理者。说它协助，是因为它可以提高个人生产力；说它阻碍，是因为它提高了人们的期望值，令管理者无法从工作中逃脱。我们可能离开工作，但工作似乎永远不会离开我们。

谁也不知道未来是怎样的。这本书不是冒充预言家，它只是把发生在我们身边的革命描绘出来。我们每人都可以选择未来的旅途，旅途上同时充满了巨大的风险和危机。不论你如何选择，也不论旅途怎样，好好享受它吧！